Sheila Serrer

Sein Blick heilt dein Herz

Über die Autorin:

Sheila Serrer ist 1995 geboren, mittlerweile wohnhaft
in Lorch, in der Nähe von Stuttgart, und ist gelernte
Erzieherin. Mit 20 Jahren entschied sie sich dafür,
Jesus nachzufolgen. Daraufhin absolvierte sie einen
Freiwilligendienst bei den Fackelträgern in Rumänien
(2017) und fing in dieser Zeit an, zu bloggen. Daraus
entwickelte sich ihre große Leidenschaft, über ihren
Glauben zu schreiben. Seit Herbst 2019 studiert sie in
Stuttgart Mediapublishing und möchte mit ihren Worten
und ihrer persönlichen Geschichte insbesondere junge
Mädchen und Frauen ermutigen.

Sheila Serrer

Sein Blick heilt dein Herz

Von einem Gott, der deine Wüste
zum Blühen bringen will

GerthMedien

Inhalt

Vorwort von Inka Hammond

Sheilas Geschichte zu lesen ist für mich, wie in einen Spiegel zu schauen. Immer wieder entdecke ich Fragmente meiner eigenen Seele, Meilensteine meines eigenen Weges. Im Lesen finde ich mich selbst, fühle mich verstanden und deshalb geborgen.

Als ich vor einiger Zeit selbst mein Herz geöffnet und meine Geschichte für andere aufs Papier gebracht habe, da zitterten mir die Knie und mein Mut flatterte wie ein ängstlicher, kleiner Vogel. Ich erwartete Ablehnung und Unverständnis, bestenfalls ein emphatisches Zunicken. Aber was dann tatsächlich passierte, übertraf alles, was ich mir je hätte vorstellen können: Frauen lasen meine Geschichte und fanden sich selbst. Und in diesem Wiedererkennen und dem Gefühl von Verstanden-werden und Geborgenheit, wuchs Hoffnung auf einen Neuanfang.

Wenn wir uns verletzlich machen und andere mit hineinnehmen in den Zerbruch unserer Seele, keimt etwas auf: zarte Stärke. Wir erkennen: Wir sind nicht allein, da ist noch jemand durch so ein schreckliches, dunkles Tal gewandert; da gibt es noch andere, die meinen Schmerz nachvollziehen können. Und das macht Mut!

Doch es passiert noch viel mehr: Das eigene Herz darf

wieder atmen und dem Leben entgegenvibrieren. Wenn wir unsere Geschichten teilen und nicht beim Schmerz stehenbleiben, laden wir zu neuem Leben ein. Wir teilen Hoffnung, wir stärken Rücken, wir zeigen: Es gilt, neue Kapitel zu schreiben!

Sheila macht mit ihrem wunderbaren, zerbrechlichen und offenherzigen Buch genau das: Sie teilt ihren Schmerz und lädt zu neuer Hoffnung ein. Weil es einen Gott gibt, der unseren Schmerz kennt – ihn sogar selbst erlebt hat – und deshalb mit uns mitfühlen kann. Weil es einen Gott gibt, der uns sieht und weil sein Blick nicht enttäuscht, frustriert oder ablehnend ist. Wer einmal diesen Blick im Innersten seines Seins wahrgenommen hat, bleibt nicht derselbe. Sheila hat das erlebt und nimmt uns mit auf ihre Reise hin zu diesem Gott, der alles neu macht und der uns einlädt in ein Leben voller Farben, Freude und Frieden.

Egal, was das Leben uns vorher vor die Füße geschmissen hat; egal, wie oft unsere Hoffnung geraubt, unsere Identität beschmutzt und unsere Würde mit Füßen getreten wurde – die Liebe dieses Gottes macht es uns möglich, weiterzugehen, wieder zu lieben, neu zu fühlen, tief zu empfinden und voller Erwartung zu empfangen.

Dieses Buch wird dich an das erinnern, was eigentlich möglich ist. Sheilas Geschichte ist wie ein Hafen, in dem wir unsere müden Segel einholen und uns von den sanften Wellen schaukeln lassen dürfen. Es ist okay, wenn es wehtut. Es ist okay, wenn du eine Pause brauchst. Ich glaube, Gott möchte durch Sheilas Worte die morschen Holzplanken deines Herzens erneuern, die Sturmschäden ausbessern, die abgesplitterte Farbe abschleifen, sie frisch übermalen und deinem Lebensboot schließlich einen neuen Namen geben. Du wirst beim Lesen spüren, wie neuer Wind deine Segel füllt und wie dein Herz sich wieder öffnet für die Abenteuer da draußen auf hoher See.

Ich wünsche mir, dass wir mehr und mehr solcher Geschichten wie Sheilas lesen und hören. Ich wünsche mir, dass mehr und mehr Frauen den Mut haben, zu ihren Schwächen zu stehen und gerade darin ihre größte Stärke zu finden. Ich wünsche mir, dass mehr und mehr Frauen so mutig ihre Stimme erheben und anderen den Weg aufzeigen. Ich wünsche mir, dass wir mehr und mehr Jesus erlauben, unseren tiefsten Schmerz zu berühren, um dann Heilung zu finden.

Ich wünsche mir, dass wir den Mut haben, zu glauben, dass Gott wahrhaftig über jede Hoffnungslosigkeit triumphiert. Sheilas Buch wird zu alldem beitragen, da bin ich mir sicher.

Für all die scheinbar Übersehenen,
ihr seid gesehen,

und für Jesus,
den Gott, der mich sieht.

Dein Blick heilt mein Herz

Ich habe nie nach dir gesucht,
manchmal gedacht, ich sei verflucht.
Ich habe nie nach dir gefragt,
einmal zu viel versagt,
doch deine Liebe fand mich hier,
verirrt, gebrochen gabst du mir
den größten Schatz: *deinen Blick auf mir.*

Du schreibst meine Geschichte neu,
du schenkst mir Flügel, machst mich frei.
Du liebst mich heil, du füllst mich aus,
ich habe heimgefunden – in dein Haus.

Vorwort

Ich weiß nicht, wer du bist, und welche Träume du hast, während du die Seiten dieses Buches durchblätterst. Vielleicht stehst du gerade mit beiden Füßen fest auf sicherem Boden und dein Leben könnte nicht schöner sein. Aber vielleicht sind die Schritte, die du gerade gehst, auch zögerlich und ängstlich und der Weg, den du beschreiten musst, ist mühsam und schmerzhaft. Ich kenne beides. Und ich weiß inzwischen, dass Gott uns in beidem ganz nahe ist – und uns sieht. Um diesen liebevollen Blick Gottes soll es in meinem Buch gehen.

Genau genommen geht es um vier unterschiedliche Blicke, die mein Leben verändert haben: Gottes Blick, der schon seit Anbeginn der Zeit auf jedem von uns ruht – und so auch auf mir – ist der erste Blick, um den es in meinem Buch geht. Diesen Blick zu erwidern, war die beste Entscheidung, die ich jemals getroffen habe. Und durch diese Entscheidung hat sich auch mein Blick auf die Welt, auf Gott und auf meine Mitmenschen verändert – und letztlich auch mein Blick auf mich selbst. Denn ob wir uns von Gott anschauen lassen und wie wir auf diesen Blick reagieren, hat einen entscheidenden Einfluss auf den Zustand unseres Herzens.

Blicke können entweder Liebe und Segen in ein Menschenleben bringen oder dort viel Verwüstung und Schaden anrichten. Deswegen ist Gottes Blick auf unser Leben umso wichtiger, wenn nicht sogar überlebenswichtig für unser Herz. Denn wenn wir lernen, seinen liebevollen Blick zu erwidern und uns nicht länger ängstlich seiner Liebe und Zuneigung entziehen, können Wundergeschichten geschrieben werden. Und meine Geschichte ist so eine Wundergeschichte.

Ich nenne sie auch meine persönliche Liebesgeschichte mit Gott. Sie handelt davon, was in und seit dem Sommer passierte, in dem Gott mich fand und ich ihm daraufhin mein Leben übergab. Meine Geschichte soll euch erzählen, wie ich gelernt habe, seinen Blick auf mir auszuhalten und meinen Blick voller Hoffnung in die Zukunft zu richten. Denn die Blicke, die man mir in den Jahren zuvor zugeworfen hatte, waren nicht immer von Liebe und Fürsorge geprägt gewesen – im Gegenteil: sie lasteten oft schwer auf mir, machten mich unsicher und ängstlich.

Als ich vor vier Jahren im Gemeindehaus meiner jetzigen Gemeinde saß und das erste Mal die Lieder sang, die nun meine täglichen Ohrwürmer sind, wusste ich noch nicht, dass ich in nicht allzu ferner Zukunft die Chance bekommen würde, alles, was mir widerfahren war, in einem Buch festzuhalten. Wenn du mir das damals erzählt hättest, hätte ich dir wahrscheinlich einen Vogel gezeigt und laut gelacht. Denn mit alldem, was ich gerade erlebe, hätte wohl niemand gerechnet. Und ich selbst am wenigsten. Und so handelt meine Liebesgeschichte mit Gott davon, wie er mir ein neues Herz geschenkt hat. Ein Herz, das im Takt seiner Hoffnung schlägt, ein Herz, das Stück für Stück heilt und lernt, zu vergeben. Doch bis es so weit kam, verging einiges an Zeit. Es verging eine Zeit, in der ich das Leben von der anderen Seite kennenlernte. Von diesem Leben ohne Gott werde ich dir ebenfalls erzählen.

Ich kenne die Schmerzen, Herzensnöte und ungnädigen Blicke, denen man als junge Frau ausgesetzt sein kann, ich habe selbst so lange gegen sie angekämpft. Es war ein Kampf gegen mich selbst. Gegen mich selbst und dieses wiederkehrende Gefühl der inneren Leere. Da war eine unbeschreibliche Sehnsucht in mir und ich wusste nie, wer oder was sie stillen könnte.

Es fühlte sich ganz oft an wie eine trockene Wüste, über die ein Sandsturm fegte, und mitten in dieser Wüste war ich am Verdursten. Ohne Halt, ohne Orientierung, und ohne ein Ziel, auf das ich meinen Blick richten konnte. Denn durch dutzende Umzüge und Abschiede, vor allem aber durch die Alkoholkrankheit und bipolare Störung meines Vaters und die schwierigen Umstände in meiner Familie, hatte ich den Blick in die richtige Richtung verloren, und eine seelische Trockenheit und große Angst überkamen mich immer und immer wieder. Sie waren in den Jahren, in denen ich noch nicht gläubig war, beinahe mein täglicher Begleiter.

Als ich Gott mein Leben anvertraute, ging ich davon aus, dass sich von nun an alles ändern würde. Aber dem war nicht so. Auch nachdem ich mich für ein Leben mit Jesus entschieden hatte, blieben die große Sehnsucht und der Durst nach Mehr nicht aus. So wurde mir eine Sache klar:

Meine Erlösung und meine persönliche Heilungsgeschichte, die die Verarbeitung meiner größten Verletzungen und mein Trauma der Vergangenheit beinhaltet, sind zwei Paar Schuhe. Ja, Jesus starb für uns am Kreuz. Ja, er nahm all unsere Schuld an unserer Stelle auf sich und ja, durch seine Wunden können unsere eigenen heilen. Ja, er kennt unseren tiefsten Schmerz und die wunden Stellen in unserem Herzen, die wir vor der ganzen Welt verstecken wollen. Und er wohnt in unserem Schmerz. Aber entgegen all unserer Wünsche und Hoffnungen bleiben die anderen „Jas" eben auch bestehen: Ja, ich wurde verletzt. Ja, man hat mir mein Herz gebrochen und ja, mir wurde Unrecht getan. Ja, die Schatten meiner Vergangenheit können mich auch weiterhin einholen und ja, ich musste mich erst von all diesen Erlebnissen erholen und langsam gesund werden.

Ich verstand damals schnell, dass unsere größte Schuld am Kreuz von Golgatha hängt, aber bis ich verstand, dass dort auch unsere größte Angst hängt und dass Jesu Blut auch unsere Wunden heilen will, dauerte es wesentlich länger. Ja, ich glaube, dieser Prozess kann Jahre, wenn nicht sogar ein ganzes Leben lang andauern.

Möglicherweise kennst du dieses Gefühl der inneren Leere und diese inneren Stürme selbst nur zu gut. Wenn das so ist, dann will ich dir zuwinken und dir ein „Hallo" und ein „Bleib doch ein wenig" zuflüstern. Vielleicht kann es dir helfen zu hören, wie Gott die Leere in mir gefüllt hat und wie er mich immer wieder neu (er)füllt. Er ließ mich durch gefühlt nie enden wollende Wüsten laufen, in denen ich das ein oder andere Mal tatsächlich glaubte, innerlich zu verdursten. Aber genau dort in der Wüste fand er mich. Und indem er mich ansah, als ich dreckig, traurig und verzweifelt war, öffnete er mir meine Augen für seine Wahrheiten und für ihn selbst: für unseren Wegbereiter. Wundervollbringer. Versprecheneinhalter. Und unser Licht in der Dunkelheit (wie es in dem wunderschönen Song „Way Maker" von Leeland besungen wird). Und dieser Gott möchte auch dein Herz heilen.

Ich weiß nicht, worin deine Kämpfe bestehen, und vielleicht kannst du dir deine Kämpfe nicht einmal selbst erklären. Aber vielleicht kann dir meine Geschichte ein wenig die Angst nehmen. Und vielleicht kann sie dir Mut machen, dich ebenfalls diesem wunderbaren Gott anzuvertrauen. Er weiß um das alles. Er weiß darum. Und nicht nur das: Er weiß auch um das *Warum*. Er kennt deine Geschichte und ihre Gründe, und sie sind ihm nicht egal. Und das Wunderbare an Gott ist seine Fähigkeit, dass es ihm ein Leichtes ist, aus unseren Trümmern Paläste zu bauen, Asche in Schönheit zu verwandeln – und ein gebrochenes Herz heilzulieben. Er lässt aus unserem Warum ein Wozu werden. Er verwandelt unsere größte Wunde in das größte Wunder. Und unsere Angst in Vertrauen. Er kann das, denn nichts ist ihm unmöglich. Ich habe es selbst erlebt!

Ich will meine Geschichte all denen erzählen, die Jesus kennen- und lieben gelernt haben. Wenn du Jesus schon kennst, hilft sie dir vielleicht, dich an seine Gnade und sein liebevolles Handeln in deinem Leben zu erinnern. Vielleicht hilft sie dir auch, das Feuer in dir wieder neu zu entfachen, und vielleicht lässt sie dein Herz sich wieder nach Mehr sehnen.

Mein Buch soll aber auch für all diejenigen sein, die bisher nichts von Gott wissen wollten. Für diejenigen, die mit Halleluja und Gnade nichts anfangen können. Euch will ich zusagen: Ich war eine von euch. Ich habe nie nach Gott gesucht. Ich habe das Ganze mit dem Glauben nie verstanden. Ich wollte nicht an einen guten Gott glauben, nach allem, was mir die Welt zugefügt und genommen hatte. Ich sehe euch und ich verstehe eure Zweifel. Ich war auch jemand, der sich übersehen gefühlt hat. Vielleicht kann dir meine Geschichte deshalb helfen, ein bisschen mehr zu erkennen, wie dieser Gott ist, der diese Welt geschaffen hat – und dass es sich lohnt, an ihn zu glauben und sich seinem unendlich liebevollen Blick auszusetzen.

Und wenn es eines gibt, das ich in den letzten Jahren gelernt habe, dann ist es, dass Gottes zärtlicher Blick wirklich jeden von uns gesund lieben *will*. Und zwar jeden Teil unseres Herzens. Es liegt an uns, ob wir es zulassen, dass sein liebevoller Blick unsere Vergangenheit streift und seine Güte und Führung von nun an unsere Zukunft bestimmt. Ich habe es zugelassen und möchte dir von meinen Erfahrungen erzählen. Also, bist du bereit, meine Geschichte zu hören?

Sheila

Kapitel 1: Ein Blick zurück

1.1 ... auf meine Vergangenheit

> *„Weil du teuer bist in meinen Augen und wertvoll*
> *bist und ich dich lieb habe, so gebe ich Menschen*
> *hin an deiner Stelle und Völkerschaften anstelle*
> *deines Lebens"*
> *(Jesaja 43,4; ELB).*

Ich bin in einer Welt aufgewachsen, in der Gott keine bedeutende Rolle spielte. Ich glaubte zwar schon immer daran, dass es eine höhere Macht geben und dass irgendjemand diese Welt geschaffen haben musste, doch dass Gott tatsächlich ansprechbar war, ein lebendiges Gegenüber, das mich sah und liebte, daran verschwendete ich keinen Gedanken. Und hätte ich von seiner Liebe mir gegenüber gehört, hätte ich bei alldem, was mir bereits in frühen Jahren zugestoßen war, höchstwahrscheinlich nicht an sie glauben können. Oder wollen.

Unsere Welt dreht sich immer schneller und wir geben allen möglichen Dingen die merkwürdigsten Namen. Wir sind gut darin, „Hashtags" für jeden Bereich unseres Lebens zu finden. Das hat mich darüber nachdenken lassen, welche

Titel oder Tags ich wohl meinem Leben geben würde. Ja, wie würde wohl die Überschrift meines Lebens lauten?

Ich musste an all die Namen denken, dir mir im Laufe meines Lebens schon gegeben wurden, und an all die Rollen, in die ich selbst immer wieder geschlüpft war. Nur einen Titel für mein Leben – nein, den würde ich nicht finden können. Denn da gab es so vieles, was passiert war und mich geprägt hatte. Also bin ich auf folgende Schlagwörter oder „Hashtags" gekommen: *Schon immer ein Sensibelchen. Scheidungskind. Tochter eines Alkoholikers. Heimatlos. Ausgegrenzt. Benutzt. Opfer.* Und es sind diese Sätze, die über meinem Leben stehen – oder standen: „Sie wollte alle retten, am liebsten ihren Papa. Aber das schaffte sie nicht. Und daran zerbrach sie."

All diese dunklen Tage, auf die sich diese Worte beziehen, überschatteten so viele Jahre meines Lebens jede Freude und die vielen, schönen Momente, die ich erlebte – die es natürlich auch gab. Aber die verletzenden Worte und Gedanken saßen tief. Denn Worte können regelrecht zu Flüchen werden und dich genau dann einholen, wenn du wieder gegen sie ankämpfst. Aus Sprüchen werden dann subjektive Wahrheiten, und schmerzhafte Erlebnisse können zu inneren Kriegsschauplätzen werden, auf denen du noch jahrelang Angst hast, ums Leben zu kommen. Denn auch noch nach all den Jahren gibt es Nächte, in denen ich schweißgebadet oder weinend aufwache, weil mich die Erinnerungen aus meiner Vergangenheit wieder einmal im Traum eingeholt haben. Und wenn ich dann nicht aufpasse, ziehe ich doch wieder wie eine kleine Soldatin mit ihrer Rüstung in Kriege, die nie für mich bestimmt waren. Ich bringe mich in emotionale Abgründe, die eigentlich schon lange hinter mir liegen. Doch dann schaue ich wieder auf den, der die folgende Geschichte mit mir schrieb und meine Kämpfe für mich kämpft.

· · · · ·

Im Frühling 2019 nahm ich an einem achtwöchigen Bibelschulprogramm der *Fackelträger* am Tauernhof in Österreich teil. Als ich meinem Bibelschulleiter, David Hines, damals meine Geschichte erzählte, schaute er mich nur stumm an. Er hatte nicht mit dem gerechnet, was er über mich erfuhr. Das geht vielen Menschen so. Denn mittlerweile habe ich mein Lächeln zurück und laufe an den meisten Tagen mit einer fröhlichen Gelassenheit und voller Dankbarkeit durch die Welt. Die vielen Narben auf meinem Körper von den Schnitten, die ich mir als Teenagerin selbst zugefügt hatte, sind noch der einzige sichtbare Beweis dafür, dass da mal etwas anders war. Dass dieses freie Lächeln nicht schon immer da gewesen sein kann.

Schon während sich David damals die Zettel durchlas, auf die ich meine Geschichte so gut ich konnte draufgekritzelt hatte, sah ich, dass ihn das, was er las, nicht kaltließ. Wir hatten zuvor die Aufgabe bekommen, zu Beginn des nächsten Gottesdienstes ein knapp zehnminütiges Zeugnis zu geben, das heißt, davon zu erzählen, was wir mit Gott erlebt hatten oder wie wir zum Glauben gekommen waren. Aber wie sollte ich in zehn Minuten erzählen, wie sehr Gott mich verändert hatte und wie mein Herz an manchen Tagen vor Dankbarkeit fast platzt, weil er mich gefunden hat?

Die Aufgabe stellte für mich ein Ding der Unmöglichkeit dar, weswegen ich David aufgesucht hatte. Ich erinnere mich noch so gut daran, welche gemischten Gefühle in mir hochkamen, während er vor mir saß und eine Seite nach der anderen las. Da war zum einen Scham. Oh, wie gut ich sie kannte! Ich hatte mich so lange für das geschämt, was Menschen mir angetan hatten, und was ich getan hatte. Zum anderen waren da Schuldgefühle. Misstrauen. Angst. All diese Gefühle versuchten sich für einen kurzen Moment einen Weg an die Oberfläche zu bahnen. Situationen wie diese waren immer ein Auslöser für all diese Gefühle gewesen. Aber ich wollte ihnen keinen Raum geben, nicht heute. Und das klappte auch immer besser. Ich hatte über die letzten Monate hinweg einen Weg gefunden, meiner Scham, meinen Verletzungen und meinem Trauma nicht mehr die Führung in meinem Leben zu überlassen. Mein Glaube an den lebendigen Gott war dieser Weg geworden. Denn ich hatte Jesus vor knapp drei Jahren mein Leben gegeben.

„Wow, Sheila" war schließlich das Erste, was David zu mir sagte. Die meisten reagieren so, wenn ich ihnen das erste Mal von mir erzähle. Was er in diesem Moment dachte, weiß ich bis heute nicht genau. Jedenfalls sagte er dann: „Hätte ich deine Familie und dich kennengelernt, als du fünf Jahre alt warst, hätte ich dich abgeschrieben. Es tut mir leid, das zu sagen, aber bei diesen Bedingungen weiß man, wie die Geschichte oft ausgeht." David war vor seiner Zeit als Bibelschulleiter am Tauernhof Polizist gewesen und hatte jahrelang mit Leid und Gewalt in dieser Welt zu tun. Er hatte in dieser Zeit viele Familien kennengelernt und die

Grundvoraussetzungen meines Lebens waren denen dieser Familien offensichtlich sehr ähnlich.

Und ehrlich gesagt wäre meine Geschichte auch anders ausgegangen – wären mir die wahre Liebe und unendliche Gnade in der Person von Jesus Christus nicht begegnet. Wir kennen die Geschichten von Mädchen, die, in einem unstabilen Elternhaus aufgewachsen, ihr Herz später an die falschen Dinge und Menschen verlieren, und damit oft auch ihre Würde. Ich war eine von ihnen. Aber ich bin es nicht mehr. Und das habe ich nicht mir selbst zu verdanken.

· · · · ·

Oktober 1998

Meine Eltern heirateten früh, und zwei Jahre nach mir erblickte meine Schwester Shirin das Licht der Welt. Damals wohnten wir zu viert in einer kleinen Wohnung. Mein Papa fuhr jeden Tag mit dem Fahrrad zur Arbeit, während meine Mama uns zu Hause hütete. Was ich mittlerweile weiß, aber damals noch nicht mitbekam: Schon zu diesem Zeitpunkt trank mein Papa mehr Alkohol, als es normal war. Er kam regelmäßig mit einem leichten Schwips von der Arbeit und es kam vor, dass er an Wochenenden, an denen ich mit meiner Mama und meiner Schwester meine Großeltern besuchte, freitags von meiner Mutter an einer Gaststätte im Ort abgesetzt wurde und sie erst sonntags wieder verließ.

Doch von alldem bekam ich nichts mit, jahrelang nicht. Entweder verstand ich den Ernst der Lage nicht oder ich ignorierte ihn gekonnt. Schon damals begab sich mein Vater in Therapie, doch die Sucht holte ihn immer wieder ein. Erst

Jahre später fanden wir heraus, dass einer der Gründe für die ständigen Rückfälle eine bipolare Störung beziehungsweise eine manische Depression war, an der er litt. Und sowohl jede Hochphase als auch jede Tiefphase brachten ihn zum Trinken.

Doch trotz seiner Alkoholabhängigkeit kümmerte sich mein Vater liebevoll um uns. Vielleicht machte es mir deshalb auch nichts aus, dass er trank. Er liebte mich und meine Schwester. Das wusste ich schon immer, und er hörte nie auf, uns das zu zeigen.

Von klein auf unternahmen mein Papa und ich regelmäßig Spaziergänge in der Natur, während meine Mama und meine kleine Schwester zu Hause auf uns warteten. Erst waren es nur er und ich, doch als meine Schwester älter wurde, wurde die Natur unser dreier Spielplatz. Die Zeit im Wald war zu einem richtigen Ritual geworden, bei dem wir unsere gewohnten Runden drehten, vorbei an Straßenschildern, großen Steinen und hohen Bäumen. Dabei erklärte uns mein Vater geduldig alles, was wir über die Welt wissen mussten. Bis heute weiß ich nicht, wer von uns diese Spaziergänge mehr liebte. Er oder wir Mädchen.

Die Leute sagen immer, ich wäre meinem Papa wie aus dem Gesicht geschnitten. Wir ähneln uns jedoch nicht nur äußerlich, sondern haben auch ein ähnliches Herz. Und unsere Herzen waren (und sind) so stark miteinander verbunden, dass es mich später fast meine eigene Gesundheit und mein Leben kostete. Denn als die dunkle Macht der Sucht immer wieder und mit aller Gewalt versuchte, meinen Papa zu zerstören, zerstörte es später auch zunehmend mich.

Doch davon wusste ich als kleines Mädchen natürlich noch nichts. Wir zogen gemeinsam durch die Wälder und aus meinen kleinen Kinderaugen betrachtet war die Welt mit ihrer herrlichen Natur ein heiler Ort.

Kurz nach meinem sechsten Geburtstag zogen wir das zweite von bis heute 15 Malen um, und meine Eltern trennten sich aufgrund des immer exzessiveren Alkoholkonsums meines Vaters und einer anderen Frau in seinem Leben. Wir verließen ihn und das große Haus, in das wir erst vor einem halben Jahr umgezogen waren, und zogen ins Haus meiner Großeltern. Bei ihnen blieb ich dann auch, als meine Mama später für einige Zeit stationär in einer Psychiatrie aufgenommen wurde. Die Jahre im Kampf gegen die Sucht und die Trennung von meinem Vater, hatten sie in schwere Depressionen abrutschen lassen. Einem kleinen Mädchen muss keiner erklären, was eine Depression ist. Wenn du siehst, dass deine Mama nicht mehr aufhören kann zu weinen und nicht mehr aufstehen möchte, dann weißt du genau, was eine Depression ist, ohne den Begriff dafür zu kennen. Meine Schwester Shirin, die zu dieser Zeit erst vier war, wurde zu meiner Tante, die ein paar Dörfer weiter lebte, gebracht, und so erlebte ich das Ende meines letzten Kindergartenjahres ohne meine Eltern und meine Schwester.

Einige Zeit nach der Rückkehr aus der Psychiatrie fanden meine Mama, Shirin und ich dann eine eigene Wohnung im selben Ort, für mich begann die Schule und wir gingen wieder zur Normalität über – oder zu dem, was man als Normalität bezeichnen kann, wenn die Eltern getrennt leben und der eigene Vater mal hier und mal dort ist.

Ich erinnere mich noch genau daran, wie ich freitags immer erwartungsvoll und glücklich von der Grundschule nach Hause lief, denn wir konnten am Wochenende immer unseren Vater sehen. Ich konnte es nie abwarten, Zeit mit meinem Papa zu verbringen, und vermisste ihn oft.

Als ich schließlich in der dritten Klasse war, hatte mein Vater seine neue Freundin wieder verlassen und versuchte einen Neubeginn mit meiner Mutter. Zwei Jahre war es inzwischen her, dass sich meine Eltern getrennt hatten und dass meine Mama das erste von vielen Malen nicht mehr aufhören konnte zu weinen.

Zum Zeitpunkt des Neubeginns hatte meine Mutter ihre Depression jedoch vorerst bekämpft und mein Papa hatte meine Mama scheinbar wieder lieb und besuchte uns immer öfter. Doch an einem Wochenende, das mir noch sehr deutlich vor Augen steht, sollte es nicht dazu kommen, dass wir Zeit zu viert verbringen würden. Und Situationen wie diese folgende sollten mich mein restliches Leben begleiten und eine tiefe Grube des Misstrauens in mir graben. Als ich an jenem Freitag mit meinem viel zu schweren Ranzen, vollgepackt mit Schulheften, den kleinen Pfad zu unserem Haus lief, kam mir meine Mama schon entgegen. Auch wenn ich noch ein kleines Mädchen war, verstand ich sofort, dass etwas faul war. Mir konnte man nichts mehr vormachen, und der sowieso schon schwere Schulranzen auf meinem Rücken fühlte sich auf einmal noch tausendmal schwerer an.

Als ich meine Mutter erreichte, schaute sie mich mit Tränen in den Augen an und stotterte zögerlich: „Es tut mir leid, aber ich habe deinen Papa weggeschickt, Sheila." Sofort ballten sich meine kleinen Hände zu Fäusten. „Nein", dachte ich. Mein Atem wurde schneller und mein ganzer Körper spannte sich an. „Nein, nein, nein!" Er durfte uns nicht wieder verlassen. Ich brauchte ihn doch!

„Nachdem er uns so lange hat warten lassen, kam er betrunken mit seinem Rucksack hierher. Es ist das Beste für uns, wenn wir ihn erst einmal eine Weile nicht mehr sehen."

Sie nahm mich in dem Moment in den Arm, in dem ich in Tränen ausbrach. Ich wusste nicht, wohin mit meiner Wut und meiner Trauer. Und genau diese Gefühle der Hilflosigkeit und des Verlassenwerdens überkamen mich die nächsten Jahre immer und immer wieder. Gefühle der Ohnmacht, die quälende Frage, ob man selbst nicht etwas tun könnte, um die Situation zu verändern, sowie die Angst, einen geliebten Menschen zu verlieren, sind aufgrund von Situationen wie dieser zu meinen täglichen Begleitern geworden.

Als kleines Kind weiß man nicht, auf wen oder was man seine Wut richten soll, und kann einfach nicht verstehen, warum die Welt einem seinen geliebten Vater wegnimmt. Ich erinnere mich daran, dass alles, was ich damals wollte, einfach nur Zeit mit meinem Papa war. Es war mir egal, wenn er trank. Ich wollte ihn lieber betrunken um mich haben, anstatt getrennt von ihm zu sein.

Ich hätte das alles ausgehalten, dachte ich immer. Hauptsache ich wäre in seiner Nähe gewesen. Ich wollte doch einfach nur bei meinem Papa sein.

Ich weinte an jenem Nachmittag noch sehr lange in Mamas Armen. Und wahrscheinlich weinte sie mit.

· · · · ·

Einige Monate später zogen wir erneut um, doch dieses Mal ein paar Hundert Kilometer weiter weg. Berlin sollte mein neues Zuhause sein. Meine restliche Grundschulzeit verbrachten wir dort. Meine Mutter hatte einen neuen Mann kennengelernt und mit ihm baute sie sich weit weg von der alten Heimat ein neues Leben auf. Und weil mein Papa in unserer Nähe sein wollte, zog er an die nahe gelegene Ostsee. Inzwischen durften wir uns auch endlich wieder regelmäßig sehen. Er hatte eine lange Therapie hinter sich und trank nicht mehr. Meine Schwester und ich verbrachten viele Wochenenden voller Abenteuer und Freude bei ihm am Meer. Mehrere Sommer verbrachten wir dort am Strand und erlebten ein Abenteuer nach dem anderen mit ihm. Und in all der Zeit fing er nicht wieder an zu trinken.

Er erklärte uns, wie immer, viel über die Natur und die ganze Welt, und vieles von dem, was ich heute weiß, weiß ich, weil er es mir liebevoll erklärte. Für mich und meine Schwester war die Zeit an der Ostsee aufregend und schön. Doch das Ganze bekam auch immer wieder einen bitteren Beigeschmack, wenn wir uns von unserem Papa verabschieden und zu zweit in den Zug nach Hause setzen mussten. Ohne ihn.

Ich weiß noch, wie stolz ich in dieser Zeit auf meinen Vater war, dass ich ihn jahrelang trocken sah. Er war mein Held und eben doch stärker als seine Sucht. Zu dieser Zeit begriff ich auch, dass sein Verhalten nichts mit mir zu tun gehabt hatte. Ich begann seine Alkoholabhängigkeit als eine böse Krankheit zu sehen, die mir meinen Papa immer wieder weggenommen hatte. Doch nun glaubte ich ganz fest daran, dass er nie mehr trinken würde. Ich wusste damals noch nicht, dass der Kampf gegen den Alkohol noch lange nicht gewonnen war. Und dass ich es nicht wusste, war wahrscheinlich auch besser so. Denn die unerschütterliche Liebe, die ich meinem Papa gegenüber empfand, ließ mich nie aufgeben und immer weiter hoffen – auch wenn sie gleichzeitig meine spitzeste Scherbe wurde, an der ich mich später immer wieder schneiden sollte. Doch mit neun Jahren war er für mich einfach nur ein Held. Wir radelten an vielen Wochenenden unbeschwert über den Damm, und ich ahnte nicht, dass die Sucht ihn mir noch viele weitere Male wegnehmen würde. Und ich ahnte auch nicht, dass mir die Welt noch mehr Schmerzen zufügen würde, als es für mein kleines Kinderherz gesund sein würde.

Einige Jahre später kehrten wir nach Süddeutschland zurück. Meine Mama wurde wieder depressiv und verließ ihren Partner. Mein Vater folgte mir und meiner Schwester zurück in den Süden, zog jedoch in ein anderes Bundesland. Nachdem er die vielen Jahre an der Ostsee keinen Alkohol mehr getrunken hatte, holte ihn die Dunkelheit wieder ein, als ich zwölf Jahre alt war. Etwas in mir zerbrach erneut.

In den darauffolgenden Jahren wohnte ich mit meiner Mama und meiner Schwester in einer kleinen Wohnung und meine Mama versuchte zunächst, uns ohne einen Mann an ihrer Seite irgendwie durchzubringen. Doch immer wieder trat ein neuer Mann in ihr Leben, blieb eine Weile bei uns und verließ uns dann wieder. Und ich verlor den Glauben an die echte Liebe, noch bevor ich selbst je einen Mann geliebt hatte.

Zu dieser Zeit durften Shirin und ich in regelmäßigen Abständen über das Wochenende zu meinem Vater fahren. Am Anfang wurden wir noch mit dem Auto zu ihm gebracht, doch irgendwann fuhren wir wieder alle zwei Wochen allein mit dem Zug durch die Gegend. Die Bindung zwischen meiner Schwester und mir vertiefte sich auf den vielen Bahnfahrten ungemein. Sie war für die Unterhaltung zuständig, und ich dafür, dass wir auch dort ankamen, wo wir hinwollten.

An vieles aus dieser Zeit erinnere ich mich nur noch bruchstückartig, aber ich weiß, dass meine Teenagerjahre oft einer Achterbahnfahrt glichen. Es wurde für mich zur Normalität, meinen Papa in der Langzeittherapie zu besuchen. Das ein oder andere Mal klingelte auch die Polizei bei uns, um uns zu fragen, ob wir wüssten, wo sich unser Vater gerade aufhielt. Und weil meine Mutter arbeitete, öffneten Shirin und ich die Haustüre und erklärten, dass wir nicht wüssten, wo er sei.

Er kam und ging: Wie er wollte. Manchmal blieb er nur kurz, manchmal etwas länger. Und weil so vieles um mich herum in meiner Jugend unbeständig war, wuchs höchstwahrscheinlich schon in dieser Zeit die Überzeugung in mir heran, das sinkende Schiff vor dem Untergang bewahren zu müssen.

· · · · · ·

Als ich dann 16 Jahre alt war, bekam ich die ersten Panikattacken. Ich hatte Angst davor, am Abend die Tür hinter mir zu schließen und mich schlafen zu legen. Der anstrengende

Alltag durch die immer wiederkehrenden Diskussionen mit meiner Mutter hatte mich einige Monate zuvor auf die Idee gebracht, nach 15 Jahren das erste Mal zu meinem Vater zu ziehen. Und am Anfang ging auch alles gut. Denn er war – wie viele Male zuvor – gerade wieder trocken.

Wir genossen die Zeit zusammen und das Glück schien auf unserer Seite zu sein. Doch irgendwann kippte die Stimmung und mein Papa begann wieder zu trinken. Und ab diesem Zeitpunkt war nichts mehr wie zuvor. Er schlüpfte wieder in eine komplett andere Rolle und in diesem „Spiel" vergaß ich irgendwann, wer von uns beiden Täter und wer Opfer war. Mein Verantwortungsbewusstsein für ihn hatte sich noch einmal um ein Vielfaches verstärkt, und brach die letzten gesunden Grenzen zwischen uns endgültig auf. Immer wieder kam es zu schmerzhaften Diskussionen. Ich schüttete heimlich den Alkohol ins Spülbecken oder verschloss die Wohnungstür und wollte meinen Vater so davon abhalten, loszugehen, um sich neuen Alkohol zu besorgen.

Es kam zwar nur sehr selten zu wirklich bedrohlichen Situationen, denn mein Papa wurde zum Glück nie gewalttätig, doch es kam immer wieder zu Momenten, in denen er sich selbst in Lebensgefahr brachte – etwa, wenn er betrunken Auto fuhr. Das alles überforderte mich maßlos.

All die Monate bei ihm verdrehten das Bild, das ich von ihm hatte, immer wieder neu. Er war doch mein Papa und ich liebte ihn, und für mich war er nüchtern nach wie vor einer der größten Helden der Welt. Doch immer, wenn ihn die Dunkelheit wieder einholte, übertrug ich all seinen Schmerz auf mich selbst, wusste nicht mehr, wo hinten und vorne war und verstand meine Gefühle ihm gegenüber selbst nicht mehr. Auch er war nur ein Opfer seiner eigenen Verletzungen, doch gleichzeitig war er auch ein Täter, der für meine Verletzungen verantwortlich war. Ich wusste nicht mehr, was ich fühlen und glauben sollte.

So wurde ich oft wütend und panisch, wenn sich mein Vater vor mir schlafen legte. Aufgebracht versuchte ich, ihm Abend für Abend irgendwie verständlich zu machen, dass ich nicht einfach nur trotzig war und er mich nicht für verrückt halten sollte. Es war doch alles nur wegen dieser wahnsinnigen Angst in mir ... Ich wollte mich nicht schlafen legen, weil ich das Gefühl hatte, dann die Kontrolle zu verlieren. Doch so verzweifelt wie ich war, fand ich selten die richtigen Worte und anstatt meine Hilfeschreie verständlich zu artikulieren, schmiss ich nur mit zornigen Worten um mich. Viele Abende liefen so ab, dass ich vor Angst zu ersticken drohte, während mein Papa sich nur kopfschüttelnd schlafen legte. Ich wollte die Kontrolle nicht abgeben, weil ich Angst hatte, dass ihm oder mir dann etwas Schlimmes passieren könnte. Doch das alles konnte und wollte ich ihm nicht erklären, denn ich wollte nicht, dass er sich schuldig fühlte. Wie sollte ich ihm auch erklären, wie sehr ich ihn liebte und gleichzeitig seine Sucht hasste?

Mittlerweile weiß ich, dass ich schon damals tief in einer sogenannten Co-Abhängigkeit steckte und alles versucht hätte, um meinen Vater zu retten. Eine Co-Abhängigkeit kann leicht bei Angehörigen von Suchtkranken entstehen. Das Leben eines Co-Abhängigen ist ebenfalls von der Sucht überschattet und deshalb eng mit dem Suchtverhalten des

Partners oder des Verwandten verstrickt. Dabei entwickeln die Angehörigen des Suchtkrankten ihre eigenen Strategien im Umgang mit der Sucht, die ihnen jedoch letztlich selbst schaden. Dazu gehört zum Beispiel das zwanghafte Kontrollieren des Suchtkranken und die verzweifelten Versuche, ihn mit aller Macht vom Konsum abzuhalten, sowie die großen Bemühungen, das Suchtverhalten des anderen nach außen hin zu verdecken, wodurch sie sich selbst zunehmend in die Bredouille bringen. Das ganze Leben dreht sich nur noch um den Suchtkranken und damit wird der Co-Abhängige zum Mitgefangenen seiner Sucht. Und so auch ich.

„Co-Abhängigkeit hat viele Gesichter. Steht zu Beginn noch im Vordergrund, das Verhalten des Suchtkranken zu entschuldigen und diesen zu beschützen, folgt oft eine Kontrollphase. In dieser versucht der Co-Abhängige, den Kranken am Drogenkonsum oder Suchtverhalten zu hindern – meist erfolglos. Sein Scheitern mündet in Wut oder Resignation und schlägt dann häufig in Schuldzuweisungen, Drohungen und Ablehnung um. Diese einzelnen Phasen können, müssen aber nicht aufeinanderfolgen. Der Co-Abhängige befindet sich in einem zermürbenden Wechselbad aus Liebe und Hoffnung, Enttäuschung, Wut und Abscheu"[1], lautet eine offizielle Definition von Co-Abhängigkeit. Und ich kenne jedes einzelne Gefühl davon. Weder Wut und Abscheu sind mir fremd noch bedingungslose Liebe und

---

1 Christiane Fux: *Co-Abhängigkeit: Tipps für Angehörige*. 21.10.19, netdoktor, https://www.netdoktor.de/krankheiten/sucht/co-abhaengigkeit/, aufgerufen am 28.09.20

immer wieder zerstörte Hoffnung. All diese Gefühle prägten meine Kindheit und Jugend.

Vor zwei Jahren fand ich zudem heraus, dass ich von meiner Geburt an hochsensibel bin. Durch diese Erkenntnis wurde mir auch klar, wie intensiv ich all den Schmerz damals regelrecht aufgesogen haben musste, und wie jeder Konflikt, jede Not und jede negative Stimmung mich über alle Maßen fertiggemacht und überfordert hatten. Das Wechselbad der Gefühle in einer Co-Abhängigkeit potenzierte sich bei mir demnach noch und brachte mich an die Grenzen des Erträglichen.

Als ich Jahre später mit meiner Mutter über diese Zeit sprach, erzählte sie mir, dass sie mich damals immer wieder angerufen und mich angefleht hatte, kommen zu dürfen, um mich zu holen. Doch ich habe ihr immer nur gedroht, dass sie keinen Schritt durch die Eingangstür wagen dürfe und ihr energisch versichert, dass ich schon alles im Griff habe.

Wir schaffen das schon!, glaubte ich immer. Und dachte nicht einmal daran, dass es überhaupt nicht meine Aufgabe war, es mit ihm „schaffen" zu müssen. Mich trieb die unermessliche Hoffnung an, dass mein Vater den Weg raus aus der Sucht finden würde, dass ich nur Geduld haben müsste und ihm meine Hilfe bestimmt guttun würde. *Die Liebe ist ewiglich,* dachte ich. Und so verwechselte ich Abhängigkeit mit Liebe. Die Grenzen zwischen Fürsorge und totaler Aufopferung, Mitleid und Wut verschwammen immer mehr und die Auswirkungen dieser gefährlichen Co-Abhängigkeit sollten noch jahrelang mein ganzes Denken und Fühlen prägen. Nicht einmal im Traum dachte ich damals daran, dass mir später echte Liebe begegnen und Gott mir zeigen würde, was „die Liebe ist ewiglich" wirklich bedeutet.

· · · · ·

Mein Verantwortungsbewusstsein für meinen Vater vermischte sich mit dem Druck, mir nur nichts anmerken lassen zu dürfen. Zu Hause ging ich durch die Hölle, doch in der Schule setzte ich mein schönstes Lächeln auf. Und in alldem glaubte ich an Eines ganz fest: Mein Papa würde wieder gesund werden! Er hatte schließlich auch immer wieder gute Tage, die mich darin bestärkten, dass es das Richtige war, bei ihm zu bleiben. Doch meine innere Taubheit, das Gefühl der völligen Machtlosigkeit und die vielen Ängste in mir sorgten dafür, dass ich in der zehnten Klasse die Schule immer seltener besuchte. Wie ich dennoch einen guten Realschulabschluss schaffte, ohne viel am Unterricht teilgenommen zu haben, gleicht für mich heute einem Wunder. Denn mein emotionaler Zustand verschlechterte sich immer mehr.

Wie viele andere Jugendliche in meinem Ort, schlich ich mich am Wochenende auf Partys, trank Alkohol und küsste verschiedene Jungs. Immer und immer wieder schaffte ich es so, den Schein einer normalen Jugendlichen zu wahren und mich von den Dramen zuhause abzulenken.

Eigentlich ist es verrückt, dass ich trotz alldem, was der Alkohol in meinem Leben bis zu diesem Zeitpunkt schon angerichtet hatte, selbst zur Flasche griff. Natürlich trank ich nicht so exzessiv wie mein Vater, aber ich trank aus schlechten Motiven heraus und manchmal auch tatsächlich zu viel. Auch wenn der Konsum von Alkohol in Deutschland legal ist, ist das Konsumverhalten so vieler Menschen extrem gefährlich.

Mit meinen Freundinnen sprach ich weder darüber, dass ich zu Hause regelmäßig die Weinflaschen meines Vaters ausleerte, noch darüber, dass ich im Internet immer häufiger gemobbt wurde. Denn zu all den Kämpfen mit meinem Vater kam in dieser Zeit noch erschwerend hinzu, dass mir über Monate hinweg online gedroht wurde, dass ich mir die schlimmsten Schimpfwörter, die man einer Frau geben kann, anhören musste, und dass mir sogar vorgeschlagen wurde, auf welche Art und Weise ich mir das Leben nehmen könnte. Schlimmer noch: Mir wurde sogar angeboten, dass man es, wenn ich es selbst nicht schaffen würde, auch gern für mich übernehmen könnte.

Bis heute weiß ich nicht, wer mir anonym all diese schrecklichen Nachrichten geschickt hat. Meine Scham darüber war zu groß, um den Fall zu melden oder auch nur meinen Eltern davon zu erzählen. Dass ich tatsächlich nicht irgendwann einen der Vorschläge annahm und mir etwas antat, gleicht für mich einem weiteren Wunder.

Doch irgendwann hielt ich den ganzen seelischen Schmerz nicht länger aus, weshalb ich mit 17 Jahren damit begann, mich selbst zu verletzen. Es folgten Monate, in denen ich mir erst nur ein wenig am Unterarm, doch irgendwann auch an den Beinen, Oberarmen und am Bauch mit einer Rasierklinge Schnitte zufügte. Der Schmerz schenkte mir für einige Sekunden Erlösung, bevor er sich in ein furchtbares

Brennen verwandelte und ich versuchen musste, irgendwie die Blutung zu stoppen.

Was für ein schreckliches Chaos in einem Menschen vor sich geht, damit er zu so einer Tat fähig ist, darf einfach nicht kleingeredet oder gar ins Lächerliche gezogen werden. Es sind reine Taten der Verzweiflung und stumme Schreie der Hilflosigkeit.

An so vielen Abenden war die Klinge auf meiner Haut meine letzte Rettung, wenn ich es einfach nicht mehr aushielt, die Kontrolle zunehmend zu verlieren. Die ständige Angst, dass mein Papa wieder anfangen könnte zu trinken und dass meine Mama ihr Herz wieder an die Dunkelheit verlieren und in eine Depression abrutschen könnte, brachte mich innerlich schier um. Es fühlte sich an, als schleuderte mir mein Leben die angesammelte Angst und Verzweiflung der letzten 17 Jahre mit voller Wucht ins Gesicht. Und ich war zu schwach, um zu kämpfen. Ich war es leid. Ich konnte und wollte einfach nicht mehr kämpfen.

Die Dunkelheit meiner Vergangenheit und die Angst vor der Zukunft fühlten sich wesentlich bedrohlicher an als der Gang hinab in einen kalten, stockdunklen Keller, und der Schmerz in meinem Herzen war stärker als jede äußerliche Verletzung, die ich mir jemals zugezogen hatte. Das Einzige, was diesen Schmerz kurzzeitig lindern konnte, waren die Klingen auf meiner Haut und das beruhigende Gefühl, das sich einstellte, wenn ich die Schmerzen endlich wieder unter Kontrolle halten konnte.

Zum Glück entdeckten meine Eltern eines Tages meine vernarbten Arme und ich wurde zu einem Psychologen geschickt. Er konnte mir jedoch mit einer wöchentlichen Sitzung nicht wirklich helfen, deshalb landete ich für einige Zeit auf der geschlossenen Station einer Kinder- und Jugendpsychiatrie. Dort diagnostizierten sie mir eine Persönlichkeitsstörung und eine mittelschwere Depression.

Danach verschrieb mir mein Hausarzt an meinem 18. Geburtstag Antidepressiva. So feierte ich an meinem 18. keine fette Party, sondern schluckte meine erste Pille. Ich will diese Entscheidung der Ärzte nicht verurteilen, denn sie war wichtig und wahrscheinlich auch notwendig. Denn nach dieser Zeit verletzte ich mich nie mehr wie zuvor, auch wenn mein selbstdestruktives Denken und Verhalten nicht völlig aus meinem Leben verschwand.

Die nächsten Monate fühlten sich wie ein Doppelleben an. Zu Hause gab es gute und schlechte Tage mit meinem Vater, in mir verdrängten die Arzneimittel jedoch meine Angst und von außen holte ich mir die Bestätigung von meinen Freunden und verschiedenen Typen, in die ich mich nacheinander verliebte. Es wurde normal für mich, an den Wochenenden exzessiv zu feiern, mich mit meinen Mädels schön zu machen und dann in die nächste Party zu stürzen.

Wenn ich jetzt an diese Zeit denke, tue ich mir einfach nur unbeschreiblich leid – vor allem, wenn ich mich daran erinnere, wie verzweifelt ich in den verschiedenen Augen der jungen Männer nach Hoffnung, Annahme und Liebe suchte. Von außen betrachtet wirkte ich wahrscheinlich wie eine normale junge Frau, die ihren eigenen Weg sucht. Ich tat das, was alle um mich herum taten. Denn wenn es nichts gibt, was einem noch Hoffnung geben kann, und man keine

Garantie dafür hat, dass alles wieder gut wird, ist man eben auf sich allein gestellt – und tut all diese Dinge, um sich irgendwie lebendig und gehalten zu fühlen. Und wenn man nicht an einen Gott glaubt, der einen liebt und auffängt, und wenn unsere Sünden nicht aus der Perspektive Ewigkeit betrachtet werden, spielt dann ein ausschweifendes Leben überhaupt eine Rolle? Für mich jedenfalls nicht. Ich wollte nichts von Gott wissen und suchte woanders nach Liebe und Halt.

· · · · ·

Mit 19 Jahren glaubte ich schließlich, in einem Hotel in Spanien die Liebe meines Lebens gefunden zu haben. Und vielleicht wäre Felix[2] das auch gewesen, hätte das Leben anders gespielt. Wäre ich vorher nicht schon gebrochen worden und ein emotionales Wrack gewesen. Und hätte er später nicht still und heimlich immer mehr gekifft. Doch als er damals in Spanien meinen Arm, der wirklich von Narben übersät war, in seine Hände nahm und eine Narbe nach der anderen küsste, schenkte ich ihm mein Herz. Konnte er vielleicht wiedergutmachen, was mir widerfahren war?

Wir verliebten uns schnell ineinander und zogen nach nur wenigen Monaten Beziehung zusammen. Ich steckte all meine Träume und Sehnsüchte in diesen Menschen, verlor mich selbst in unserer Liebe und rutschte so von der einen Abhängigkeit in die nächste.

Bis zu diesem Zeitpunkt hatte ich ständig versucht, das

---

2 Name geändert, um seine Anonymität zu bewahren.

Leben meiner Eltern zu verändern und fühlte mich bisweilen sogar wie die Leibwächterin meines Vaters. Dadurch hatte sich die Lüge in mir festgesetzt, verantwortlich für die Menschen um mich herum zu sein. Ich glaubte, dass es meine Aufgabe war, meine Mitmenschen zu retten und sie vor jedem drohenden Unglück zu bewahren. Und das ganze Szenario aus meiner Vergangenheit spielte sich, wenn auch in harmloserer Form, ein weiteres Mal in der Beziehung mit Felix ab.

Mit 20 Jahren passierte dann etwas, das im Nachhinein betrachtet die Spitze des riesigen Eisbergs war, und verborgen unter der Wasseroberfläche staute sich die Last und der Schmerz der ganzen vorherigen Jahre.

Es war Juni und in Schwäbisch Gmünd, der Stadt, in der mein Freund und ich mittlerweile wohnten, fand eine große Veranstaltung statt. Auf den Plätzen und in den Gassen der Altstadt tummelten sich viele Menschen. Auf einem Platz war eine große Arena aufgebaut. Voller Begeisterung setzten wir uns in die Reihen der Arena, in der in wenigen Minuten eine Artistenshow beginnen sollte. Wir hatten sogar Plätze in der ersten Reihe ergattert. Ich erinnere mich noch daran, wie fröhlich und aufgedreht ich war. Ich war nun schon seit fast zwei Jahren wieder von den Tabletten weg, die meine wechselnden Launen und depressiven Verstimmungen hatten eindämmen sollen. Nach nur wenigen Monaten hatte ich sie aufgrund von schlimmen Halluzinationen und noch heftigeren Stimmungsschwankungen sowie einem zwischenzeitlich einsetzenden ekligen Gefühl der völligen Gefühlstaubheit wieder abgesetzt. Trotzdem hatte ich mich nicht mehr selbst verletzt, doch mit der Angst bekam ich es immer noch regelmäßig zu tun. Sie war mein ständiger Begleiter – immer dann, wenn ich das Gefühl hatte, die Kontrolle zu verlieren. Tief in mir hoffte ich jedoch, dass die Zeit schon alle Wunden heilen würde.

Schließlich ging die Artistenshow los und völlig fasziniert sah ich den Männern auf der Bühne zu, die ihre Kunststücke vorführten und mich damit kurzzeitig in eine andere Welt entführten. Ich war glücklich, denn ich war abgelenkt. Und ich glaubte fest daran, in diesem Sommer endlich die Kurve kriegen zu können und den sehnlichst erwarteten Wendepunkt in meiner Geschichte zu erleben. Der kam zwar tatsächlich einige Monate später, aber überwältigend anders als gedacht.

Als die Artisten irgendwann eine Freiwillige aus dem Publikum suchten, steuerte der Leiter der jungen Männer direkt auf mich zu. Nickend lächelte mich mein Freund an, und so folgte ich dem Mann aufgeregt auf die Bühne. Hätte ich geahnt, was danach passieren würde, hätte ich mich lieber an meinen Stuhl gefesselt.

Die Artisten begannen, mit brennenden Fackeln um mich herum zu jonglieren und irgendwann auch mit Messern. Doch davor hatte ich keine Angst. Nicht vor so etwas. Dann änderte sich innerhalb von Sekunden die Lage. Der Show schauten mittlerweile mehrere Hundert Leute zu, als einer der Männer damit anfing, ganz offensichtlich meine Brust zu berühren. Ich erstarrte zu Eis. *Das war bestimmt nur ein Scherz oder ein Versehen,* dachte ich mir. Ich weiß noch, wie ich zögernd ins Publikum schaute und einfach nur hoffte, dass ich die Einzige war, die es bemerkt hatte. Und offensichtlich schien tatsächlich niemand etwas gesehen zu haben. *Gut.*

Die Show wurde lauter und aufregender und die vier Männer führten wilde Kunststücke vor, während ich weiterhin lächelte, mitspielte und gleichzeitig stumm und Hilfe suchend die Reihen im Publikum nach meiner Begleitung absuchte. Schauspielern konnte ich mittlerweile ... Doch plötzlich begann einer der Männer meinen Arm bis zur Hand herab zu küssen. Ich spürte seinen feuchten Mund auf meiner Haut und in diesem Moment zerbrach etwas in mir in tausend Stücke. Ich wusste sofort: Das ist nicht richtig. Aber die Stimme in meinem Kopf war lauter als alle anderen und redete mir ein: *Setze deine Maske auf, du bist doch so gut darin! Spiele einfach mit und lass dir nichts anmerken. Du willst doch niemanden in Verlegenheit bringen.* Und so versuchte ich die Männer, die mir an diesem Nachmittag meine Ehre raubten, sogar noch zu schützen. Doch wie sich seine feuchten Lippen auf meinem Arm anfühlten, kann ich bis heute nicht vergessen.

Bis heute reagiere ich äußerst empfindlich darauf, wenn ich, ohne dass ich darauf eingestellt bin, von Menschen angefasst werde. Selbst bei Berührungen von meiner eigenen Mutter, mit denen ich in dem Moment nicht gerechnet habe, schrecke ich automatisch zurück. Immer wieder werde ich in diese Situation zurückversetzt und an all die Male erinnert, in denen ich mich irgendeinem Mann hingegeben hatte, der mich nur ausnutzte. Denn in diesen Minuten auf der Bühne waren sämtliche Erinnerungen aus der

Vergangenheit wieder auf mich eingeprasselt, und ich fühlte mich einfach nur benutzt und ohnmächtig. Ein weiteres Mal hatte ich es nicht geschafft, einfach nur mit einem Blick voller Liebe und Respekt angesehen zu werden. Die Blicke dieser Männer waren voller Gier. Ich fand mich völlig unvorbereitet in größter Not wieder und niemand sah es.

Den ganzen weiteren Tag lief ich wie mit einem Schleier vor den Augen durch die Welt. Ich erinnere mich nur vage daran, dass ich es meinem vor Wut brodelnden Freund zu verdanken hatte, dass ich die Gruppe junger Männer anzeigte. Ich hatte nicht mehr aufhören können zu weinen und so brachte Felix mich zur Polizeistation. Wie benebelt saß ich im Gesprächszimmer der Station und musste dem Beamten vor mir erzählen, an welchen Stellen mich die verschiedenen Männer berührt und wie sie meinen Arm und meine Finger abgeschleckt hatten.

Die Scham in mir brachte alle anderen Gefühle zum Erstarren. Ich fühlte mich nicht nur emotional in all die Male zurückversetzt, in denen mir ein Mann zu nahe gekommen war, sondern hörte auch diese hässliche Stimme der Verurteilung in mir, die mir einflüsterte, dass ich nichts anderes von meinem Leben zu erwarten und es möglicherweise sogar verdient hatte, so behandelt zu werden. Und diese Stimme sollte mich noch lange verfolgen. Ich ekelte mich selbst an und wollte einfach nur all die Erinnerungen abwaschen, die in meinem Kopf pulsierten.

1.2 … auf mein früheres Selbstbild

Das bin also ich. Jetzt kennst du meine Geschichte. Die Geschichte, die erzählt, was alles passiert war, bevor ich Gott kennenlernte. Die Blicke, unter denen ich all die Jahre zuvor gestanden hatte und die ich mir selbst zuwarf, waren von vielem gekennzeichnet, nur nicht von Wohlwollen. Und ganz bestimmt waren diese Blicke nicht wie die, mit denen Gott einen Menschen anschaut. Wie er *mich* anschaute. Schon damals.

Du hast davon gelesen, wie die Welt mir Blicke zugeworfen hatte, die sich tief in meine Seele einbrannten und die ganz allmählich mit meinem Blick auf mich selbst verschmolzen. Mich selbst zu verurteilen, zu hassen und mich für meinen Körper und mein ganzes Wesen zu schämen, war für mich die einzig logische Schlussfolgerung nach allem, was passiert war. Und so befand ich mich mit gerade einmal 20 Jahren in einer Wüste, in der jegliches emotionales Neuaufblühen unmöglich schien.

Ich sah mich in dieser Zeit auch nicht als Opfer einer schwierigen Kindheit und von seelischem und körperlichem Missbrauch, sondern als Mittäterin. Das Verantwortungsbewusstsein und die Fürsorge für meine Mitmenschen, die ich mir über all die Jahre antrainiert hatte, verstärkten noch mehr das Gefühl in mir, Schuld an allem zu sein, was mir zugestoßen war. Ich hatte mich schließlich selbst in all diese Situationen gebracht und glaubte deswegen, dass auch nur ich allein alles wieder hinbiegen könnte, was Stück für Stück in mir kaputtgegangen war. Und das war viel.

Damals, als der Übergriff auf der Bühne passierte, war ich eine junge Frau, die völlig orientierungslos nach irgendetwas oder irgendjemandem suchte, der sie aus dieser Wüste, in der sie sich immer weiter verlor, herausführte und befreite. Denn dort, in der Wüste, war ein Überleben nur schwer möglich. So wie es in einer echten Wüste ebenfalls ist: Die Hitze des Tages kann einen Menschen verdursten und die Kälte der Nacht erfrieren lassen. Und genau so fühlte ich mich: irgendwo zwischen Verdursten und Erfrieren. Manchmal fand ich zwar eine kleine Oase, in der ich Schutz und Erholung fand, doch wie eine Flüchtige blieb ich nicht lange an so einem Ort, und schon bald wurde der heiße Wüstensand wieder zu meinem Zuhause. So fühlte ich mich – knapp zwei Monate, bevor ich Gott kennenlernte. Und zwar das erste Mal so richtig.

Auch die Worte, mit denen ich zu Beginn des Buches mein Leben beschrieben habe, zeugen davon, wie gebrochen ich mich selbst einmal sah. Kannst du dich an sie erinnern?

Schon immer ein Sensibelchen. Scheidungskind. Tochter eines Alkoholikers. Heimatlos. Ausgegrenzt. Benutzt. Opfer.

All diese Worte haben eins gemein: Sie beschreiben, was andere aus mir machten. Und sie zeigen, wie düster und ängstlich der Blick war, den ich mir selbst zuwarf. Meine Vergangenheit hatte zu Scham und Selbstverachtung geführt und ich wusste, es würde mich viel Anstrengung kosten, diese Aussagen über mich und mein Leben in etwas Schönes zu verwandeln.

An dieser Stelle will ich dich ermutigen, dir selbst einmal zu überlegen, welche Blicke du bisher auf dir aushalten musstest. Ähneln sie den Blicken, die mir zugeworfen wurden? Manchmal muss man dazu auch mehr tun, als nur an der Oberfläche zu kratzen, und Gott bitten, die Türen zum eigenen Herzen zu öffnen, die vielleicht noch verschlossen sind. Mir ging es lange so, dass ich mich mit dem Leben abgefunden hatte, das ich führte. Ja, ich versuchte, mich einfach damit abzufinden, dass ich gebrochen war und dass manche Dinge sich eben nicht mehr ändern ließen. Ich kannte noch keinen Gott, dem nichts unmöglich ist. Vielleicht kennst du diesen Gott schon, aber hast trotzdem Gedanken wie „Hier ist sowieso kein Ausweg mehr möglich, also gebe ich mir gar nicht erst die Mühe, Gott zu bitten, mein Herz zu verändern". Unsere Augen können so getrübt sein, dass nichts von Gottes heilendem Licht in uns dringen kann. Also versuchte ich nach diesem Vorfall einfach weiterzumachen und zur Normalität zurückzukehren.

· · · · · ·

Auf eine oberflächliche Art und Weise war ich all die Jahre über glücklich gewesen, doch unter dieser Oberfläche herrschten Zwänge und Ängste, die immer wieder aus mir herausbrachen. Ich fühlte mich damals zwar von meinem langjährigen Freund geliebt, doch auch diese Liebe war geprägt von Misstrauen, gegenseitigen Verletzungen und einer ungesunden Abhängigkeit.

Die Beziehung zu meinen Eltern schien zu diesem Zeitpunkt auf den ersten Blick auch „normal" – zwar nicht so rosig wie die Beziehungen in anderen Familien, aber doch irgendwie normal für heutige Verhältnisse.

Ohne die Hoffnung auf einen liebenden und souveränen Gott hatte ich ohnehin keine andere Wahl, als das Beste aus dem zu machen, was mir widerfahren war. Eltern trennen sich. Menschen mobben sich und bringen sich gedanklich fast um. Und Sexualität wird so gelebt, wie jeder Einzelne es will. Ein Übergriff hier, einer dort. Ja, nach den Maßstäben dieser Welt war das Leben, das ich damals führte, normal. Und selbst, wenn ich es hätte ändern wollen, wie hätte das gehen sollen?

Die Wüste, in der ich mich befand, war nun einmal das, wofür ich bestimmt war. Und so mühte ich mich immer weiter ab und ohne es zu wissen, lief ich so direkt in Gottes Arme! Und ohne es zu wissen, waren diese starken Arme schon lange ganz weit geöffnet und bereit, mich in Empfang zu nehmen ...

Kapitel 2: Dein Blick

„Dann aber will ich selbst sie umwerben. Ich
werde sie in die Wüste bringen und ihr zu Herzen
reden. Dort wird sie meine Liebe erwidern wie
damals, als sie jung war, als sie aus Ägypten
kam. Danach werde ich sie zurückbringen
und ihr die Weinberge wiedergeben, und das
Achortal, das ‚Unglückstal' soll zu einem Tor der
Hoffnung werden"
(Hosea 2,16–17; GNB).

2.1 … trifft mich zum ersten Mal

Es wurde August 2015 und in diesem August trat Gott in
mein Leben. Er fand mich in meiner Wüste, in der ich nur
noch einem Häufchen Elend glich. Doch Gott macht vor keiner Wüste Halt. Kein Weg ist ihm zu weit und kein Abgrund
zu tief. Und so begann für mich der Sommer, in dem sich
alles veränderte. Der Sommer, der den ganzen Kurs meines
weiteren Lebens verändern sollte und der Sommer, der die
Hoffnung in mein Leben brachte.

Ich hatte mein Leben ohne Gott gelebt und nicht an ihn
glauben wollen. Doch dann fühlte es sich plötzlich so an, als

würde ich das erste Mal mit all meinen Rissen angesehen werden. Mit einem Blick, der durch und durch ging, der alles sah – und doch voller Gnade war. Und das kam so:

Schon ein Jahr vor dem sexuellen Übergriff auf der Bühne war ich auf der Suche nach einem Praktikum gewesen. So war es Teil meiner Ausbildung zur Erzieherin, die ich begonnen hatte, als ich noch bei meiner Mutter gelebt hatte und nun in Schwäbisch Gmünd fortsetzte, die Leitung einer Gruppe von Schulkindern in einem Sommerferienlager zu übernehmen. Da ich in Schwäbisch Gmünd nicht aufgewachsen war, und dementsprechend dort noch nicht viele Kontakte hatte, hörte ich mich in meiner Ausbildungsklasse um. Ich bekam mit, wie eine Klassenkameradin erzählte, dass es in einem Nachbarort eine Sommerfreizeit geben würde, für die noch Leute gesucht wurden. Es wäre zwar eine christliche Freizeit, aber man müsse kein Christ sein.

Kurzerhand entschied ich mich, mich bei der Leiterin des Camps zu melden und tatsächlich gab es noch einen Platz für mich. Ich nahm an den Vorbereitungstreffen teil und schlussendlich auch an der Sommerfreizeit. Doch es sollte nicht dabei bleiben: Einige Monate nach der Freizeit, in denen ich wie gewohnt meinem alten Leben nachgegangen war, erhielt ich erneut eine E-Mail von der Campleitung. Ich wurde gefragt, ob ich ein weiteres Mal Lust hätte, bei der Sommerfreizeit im kommenden Jahr mitzuarbeiten. Die vergangenen Monate über hatte ich keinerlei Kontakt zu den anderen ehrenamtlichen Mitarbeitern gehabt, geschweige denn zu dem Gott, um den es bei den Freizeiten ging. Das dachte ich damals zumindest. Mittlerweile glaube ich jedoch, dass schon in diesen Monaten ein Kampf um mein Herz angefangen hatte, von dem ich nur noch nichts mitbekommen hatte.

Denn als ich die Freizeit das erste Mal mitgeleitet hatte, hatte ich zwar eine tolle Zeit gehabt und auch schon all die Geschichten von Jesus gehört, doch nichts davon hatte mich wirklich berührt. Ich kannte aus der Schule und meiner Kindheit viele dieser Geschichten bereits, doch für mich waren sie eben nur genau das: Geschichten. Trotzdem fragte mich Andrea, die Leiterin der Freizeit, ob ich mir vorstellen könnte, im nächsten Sommer wieder dabei zu sein. Ihr könnt dreimal raten, was ich ihr antwortete ...

Ich denke oft darüber nach, wie mein Leben wohl heute aussehen würde, wenn ich ihr damals geschrieben hätte, dass ich weder Zeit noch Interesse hätte. Oder wo ich jetzt wäre, wenn Andrea mir diese E-Mail gar nicht erst geschickt hätte? Und ganz oft frage ich mich, was mich damals dazu brachte, erneut zwei Wochen meines Sommerurlaubs zu opfern, um eine Kinderfreizeit mitzuleiten, zumal es diesmal überhaupt nicht mehr nötig gewesen wäre für meine Ausbildung. Es muss Gott selbst gewesen sein ...

Als die E-Mail mich damals erreichte, lebte ich mein Leben, ohne einen Gedanken an Gott zu verschwenden. Ich teilte mein Leben mit Felix, wir gingen am Wochenende hier und da etwas trinken und einen Platz für Gott – den gab es nicht. Und doch sagte ich zu. Und dieses erste Ja war der Beginn einer ganzen Reihe weiterer Jas.

· · · · ·

Im Juli, einen Monat nach dem sexuellen Übergriff, schloss ich meine Ausbildung ab, und im August nahm ich dann ein zweites Mal an der christlichen Ferienfreizeit teil – ohne zu wissen, dass diese Freizeit der Wendepunkt für mein ganzes weiteren Lebens sein würde.

Denn in diesem Jahr war etwas anders: Es war, als hörte ich den Geschichten über Jesus, die den Kindern erzählt wurden, mit anderen Ohren zu, außerdem begann ich, die anderen Mitarbeiter mit einem anderen Blick zu sehen. Dieses Mal fiel es mir auf: Sie trugen ein Licht in sich, das mir fremd war. Etwas an der Art, wie sie mit den Kindern, mit mir und miteinander umgingen, war nicht so, wie es in der Welt üblich war. Sie taten nicht nur so, als würden sie die Kinder lieben, sondern sie liebten sie tatsächlich. Und sie vergaben einander. Immer und immer wieder.

Obwohl ich ein Jahr zuvor mit den meisten der anderen Mitarbeiter schon zwei Wochen Zeit verbracht hatte, war es dieses Mal anders. Als wären mir auf einmal die Augen geöffnet worden. Während wir tagsüber den Kindern von Jesu Liebe erzählten und Lieder mit ihnen sangen, stand ich abends am Lagerfeuer und stellte den Mitarbeitern all die eigenen Fragen, die ich plötzlich hatte. Und ein Gefühl wurde in dieser Zeit lauter als alle anderen: Hoffnung.

Während ich auf der Freizeit war, drehte Felix zu Hause fast durch. Er wollte, dass ich jeden Abend zurück zu ihm nach Hause komme – was ich jedoch nicht tat – und spürte wahrscheinlich schon früher als ich, dass er gerade dabei war, mich zu verlieren. Unsere anfängliche große Verliebtheit hatte sich mit jedem weiteren Jahr immer mehr in eine explosive Beziehung verwandelt, in der es regelmäßig eskalierte. Obwohl ich keine Depressionen mehr hatte und mich nicht mehr selbst verletzte, litt ich weiterhin unter plötzlichen Wutausbrüchen und einer krankhaften Suche nach Liebe. Felix hingegen konsumierte immer mehr Cannabis und versuchte, seine Sorgen im Sinnesnebel verschwinden zu lassen. Mit jedem neuen Kontrollverlust und jeder weiteren Auseinandersetzung verlor ich mehr den Boden unter den Füßen.

Wir liebten uns, aber wir hassten uns auch. Wir dachten, nicht ohne einander leben zu können und waren gleichzeitig maßlos mit unserer jungen Liebe, dem eigenen Haushalt, unseren beiden Ausbildungen und persönlichen Herausforderungen überfordert gewesen. Felix suchte und fand seine Ausflüchte im Kiffen, und ich suchte einfach nur irgendetwas, das mir Sicherheit und Geborgenheit geben konnte. In diesem Zustand war ich zur Freizeit gefahren. Gebrochen. Verzweifelt. Und ohne Halt.

Als die Freizeit zwei Wochen später zu Ende war, war ich noch immer dieselbe. Ich war immer noch gebrochen. Doch die Geschichte darüber, dass Jesu Leib am Kreuz für das gebrochen wurde, was mir widerfahren war, ließ mich nicht mehr los. Ich war immer noch verzweifelt. Doch etwas in mir sagte mir, dass von nun an alles gut werden würde. Denn plötzlich war ich nicht mehr ohne Halt. Gott hatte mir in nur zwei Wochen Menschen an die Seite gestellt, die mich die darauffolgenden Wochen und Monate nicht mehr aufgeben und einfach alles dafür tun sollten, dass ich endlich heim, in Jesu Arme, finden würde.

Und so saß ich im August 2016 das erste Mal in den Reihen meiner heutigen Gemeinde, in die mich meine neuen Freunde von der Freizeit eingeladen hatten. Vor mir das Kreuz. Um mich herum seine geliebten Kinder. Der Weg dorthin, ein Wunder.

· · · · ·

Ich erinnere mich daran, wie meine neu gewonnene Freundin mir vor dem Gottesdienst noch versicherte, dass ich kein Lied mitsingen müsste und mir auch erst einmal alles nur anhören könnte. Aber nie werde ich vergessen, wie sich die Melodien der ersten Lobpreislieder, die ich dort hörte, sofort ihren Weg in mein Herz suchten, und wie ich diese Lieder, die ich noch nie zuvor gehört hatte, einfach mitsingen wollte. Ich konnte einfach nicht *nicht* mitsingen! Ich wollte Lieder über Freiheit und Vergebung singen. Lieder über eine Liebe, die vor keinem Menschenleben haltmacht und Lieder, die mir die Ewigkeit in Gottes Reich versprachen.

Ich hatte über so viele Umwege in diese Gemeinde gefunden – und das alles, ohne nach Gott gesucht zu haben –, dass nun alles, was ich wollte, war, alles über diesen Gott zu erfahren. Und in diesem Gottesdienst lernte ich ihn kennen. Und zwar das erste Mal *richtig*. Ich hörte nicht nur irgendwelche Geschichten oder Spekulationen über das, was es vielleicht geben könnte zwischen Himmel und Erde.

Nein, Gott offenbarte sich mir höchstpersönlich als mein liebevoller, himmlischer Vater, und ich erkannte zwischen all den unterschiedlichen Meinungen auf dieser Welt endlich die Wahrheit: Es gibt Gott tatsächlich! Das alles war mehr als eine schöne Geschichte, die Kindern erzählt wird. Jesus lebt tatsächlich!

Als ich begann, dieser Wahrheit immer mehr Beachtung in meinem Leben zu schenken, erkannte ich das erste Mal einen durch und durch liebevollen Blick auf mir, den ich zwischen all den anderen Blicken, die mir die Welt zugeworfen hatte, gesucht und doch nie gefunden hatte.

Gott sah mich an. Voller Liebe. Voller Erbarmen. Und ich? Ich konnte nicht mehr länger wegsehen. Konnte nicht mehr länger meine Augen vor der Wahrheit verschließen. Denn wenn Gott einen Menschen ansieht, dann ist nichts mehr wie zuvor. Es war für mich ein Blick voller vollkommener und unveränderlicher Liebe. Ich wusste damals noch nicht, was das alles für mein weiteres Leben bedeuten würde. *Ich wusste nur, dass ich einen Ort gefunden hatte, den ich nie mehr verlassen wollte, und eine Liebe kennengelernt hatte, die jedes andere Gefühl überstieg.*

· · · · ·

Die nächsten Monate waren dennoch unglaublich schmerzhaft und brachten ein einziges Chaos mit sich. Ich trennte mich von Felix und tat damit etwas, von dem ich mir geschworen hatte, es nie zu tun. Aber für mich war es nach meiner Begegnung mit Gott entscheidender als alles andere, mich von den Menschen zu trennen, die mich von der Wahrheit trennten. Denn wäre ich mit Felix zusammengeblieben, hätte ich nie verstanden, dass wahre Liebe absolut nichts mit solch einer krankhaften Abhängigkeit zu tun hat, wie jene, in der wir lebten.

Obwohl ich Felix sehr liebte, war es so wichtig, aus diesen alten Mustern herauszutreten und vor allem aus der Lüge auszubrechen, ihm helfen zu können. Wir wohnten inzwischen drei Jahre zusammen und mit jedem Jahr hatte er mehr Cannabis konsumiert, als es für mein Herz möglich war, zu verkraften. Ohne anfangs genau zu wissen, warum es so notwendig war, die Beziehung zu beenden, führte Gott mich liebevoll zu diesem Schritt und half mir, diese für mich so wichtige Entscheidung, Felix zu verlassen, zu treffen. Meine Liebe für ihn war riesengroß, aber jeder Joint, den er rauchte, fühlte sich wie ein Messerstich in meiner Seele an. Gerade noch rechtzeitig erkannte ich, dass sich, wenn ich mich nicht von ihm trennen würde, das gleiche Muster wie in der Beziehung zu meinem Vater wiederholen würde. Ich würde Felix wieder mit allen Mitteln vor etwas retten und beschützen wollen, was ich doch nicht konnte.

Indem ich ihn verließ, brach ich uns beiden das Herz und doch wusste ich, dass ich das Richtige tat. Für mich und für ihn. Ich durfte nicht noch einmal zulassen, in eine handfeste Co-Abhängigkeit zu rutschen, und musste Felix von meiner herrschsüchtigen und kontrollierenden Art befreien, die uns beiden das Leben zur Hölle machte.

Und gerade in dieser schmerzhaften Zeit geschah etwas Besonderes: Diesen Blick Jesu auf mir, den ich langsam zu spüren begann, nahm ich im Alltag immer mehr wahr. Und es war weder ein Blick der Verurteilung noch ein fordernder Blick. Dieser neue Blick auf meinem Leben wollte nichts anderes von mir außer meiner Hingabe. Und ich entschied mich, Jesus meine Liebe zu geben. Ich entschied mich, ihn in mein Leben aufzunehmen und an seinen Namen zu glauben. Und so wurde für mich der Bibelvers aus Johannes 1,12–13 ganz persönlich wahr.

> *„All denen aber, die ihn aufnahmen und an*
> *seinen Namen glaubten, gab er das Recht, Gottes*
> *Kinder zu werden. Sie wurden dies weder durch*
> *ihre Abstammung noch durch menschliches*
> *Bemühen oder Absicht, sondern dieses neue* ·
> *Leben kommt von Gott"*
> *(Johannes 1,12–13; NLB).*

· · · · · ·

Woche für Woche, Monat für Monat und bis zum heutigen Tag war es dann so, als würde Gott die zerbrochenen Teile meines Lebens langsam und behutsam wieder zusammenfügen. Seit ich mich das erste Mal in den Gottesdienst meiner Gemeinde gesetzt hatte, war es, als hätte Gott mit einer Kutterschaufel die einzelnen Scherben meines Lebens zusammengekehrt, um sie anschließend Stück für Stück wieder liebevoll zusammenzusetzen. Manche Teile meines Selbst waren in so winzige Scherben zersprungen, dass es fast unmöglich schien, sie wieder zusammenzusetzen. Aber Gott kann es. Denn er ist der Meister dieses Puzzles. Er kann es lösen.

Meine Scherben sind ihm nicht zu spitz, er wird sich nicht an ihnen schneiden, und er wird mir zeigen, wie auch ich mich nicht mehr an ihnen verletzen muss. Ja, er verwendet alle Kraft, Liebe, sein Vertrauen und seine Vergebung, um unsere zerbrochene Seele wiederherzustellen. Stück für Stück, eines nach dem anderen. Und er kann das mit jedem zerbrochenen Leben machen, daran zweifle ich keinen Moment mehr! Er tut es auf so viele unterschiedliche Weisen und meistens im Hintergrund, dass wir es oft wahrscheinlich gar nicht mitbekommen.

Ich lernte, Jesus immer mehr zu vertrauen, indem ich die Hoffnungsgeschichten hörte, die er schon im Leben anderer geschrieben hatte und die ein so großes Zeugnis für mich wurden. Außerdem entwickelte ich ein so großes Vertrauen in ihn, weil ich begann, all seine Zusagen in der Bibel zu lesen und zu verstehen, dass Gott hält, was er verspricht. Ich erinnere mich daran, wie ich ein paar Leute aus der Gemeinde fragte, wo man denn eine Bibel kaufen könnte. Ich hatte mir noch nie eine gekauft und deshalb keine Ahnung, welcher der richtige Laden dafür war. Später marschierte ich zielsicher in die nächste Buchhandlung und kaufte die einzige Bibel, die dort stand: eine Einheitsübersetzung. Nicht gerade leichte Kost für einen jungen Christen ... Wenn ich jetzt darüber nachdenke, muss ich über meinen starken Willen schmunzeln. Es war mir egal, welche Übersetzung ich in der Hand hielt, ich wollte einfach nur von Jesus hören und in der Bibel lesen. Es gab noch so vieles, was ich nicht wusste, und ich war bereit, alles über ihn zu erfahren.

Es war, als wäre mir ein Schleier von den Augen genommen worden. Wo ich zuvor nur Verachtung für Menschen übrig gehabt hatte, die in der Bibel lasen, sah ich jetzt „Gleichgesinnte". Ich verschlang die Bibel regelrecht. Vom gesamten Alten bis zum Neuen Testament.

Ich konnte nicht genug davon bekommen, auf meiner Couch zu sitzen und die Bibel von vorne bis hinten durchzulesen. Manchmal las ich sie mir laut vor, um die darin enthaltene Wahrheit durch die Räume der WG schallen zu lassen, in die ich nach meiner Trennung von Felix gezogen war. Meine Mitbewohnerin musste wahrscheinlich manchmal gedacht haben, ich hätte den Verstand verloren. Sie hörte mir jedenfalls immer geduldig zu, selbst wenn ich nur den Stammbaum Abrahams inbrünstig vorlas.

Als ich Seite für Seite die filigranen Blätter durchblätterte, war ich einfach nur überwältigt von dem, was ich da las. Wie konnte es sein, dass ich etwas geschenkt bekam, für das ich nichts getan hatte? Und wie konnte es sein, dass es da plötzlich ein Gefühl in meinem Leben geben durfte, das endlich nicht mehr von meiner stürmischen und gleichzeitig so zerbrechlichen Persönlichkeit abhängig war?

Der Gedanke daran, dass mit Jesus Frieden in mein Leben kommen konnte, wo bisher nur Unruhe geherrscht hatte, hörte sich zu schön an, als dass er wahr sein konnte. Doch mit jedem neuen Lied, das ich über ihn lernte, mit jeder neuen Freundschaft zu anderen Christen und mit jeder Seite, die ich in der Bibel las, erkannte ich: Wenn ich Jesus habe, kann ich mich vom Bösen abwenden und Gutes tun. Jesus ist da. Er ist da, und er sprengt die Mauern, die wir um uns selbst gebaut haben und die uns den Weg in die Freiheit und den Frieden versperren. Er kommt, um alle Ketten zu sprengen und Mauern einzureißen, um uns seine Freiheit und seinen Frieden zu schenken.

Dadurch, dass wir ihn haben, ändert sich alles. Er mischt

die Karten unseres Lebens neu und beherrscht die Spielregeln dabei besser als jeder andere. So zeigte mir Gott in den darauffolgenden Monaten, auf wie unendlich viele Arten er mich liebte, und wie sehr er sich darüber freute, dass ich meinen Weg zu ihm nach Hause gefunden hatte.

Trotzdem gibt es bis heute noch bestimme Namen, Orte oder Gerüche, bei denen sich alles in meinem Herzen zusammenzieht. Es fühlt sich in diesen Momenten an, als hätte meine Seele ein Stück von sich an diese Menschen und an diese Orte verloren, das sie nun wieder zurückhaben möchte.

Ich habe durch die mittlerweile fast 15 Umzüge Erinnerungen an die unterschiedlichsten Orte und Plätze in Deutschland, und immer wieder tauchen Bilder in meinem Kopf auf, die ich jahrelang vergessen oder verdrängt hatte. Wohnorte, Zugfahrten, Freundschaften, Umstände, die einmal waren und nicht mehr sind.

· · · · ·

Auch in den Monaten, in denen ich begann, mir ein neues Leben mit Gott aufzubauen, wurden die meist schmerzhaften Erinnerungen nicht weniger. Es tat weh, eine jahrelange Beziehung zu beenden, ganz gleich, wie schmerzhaft und ungesund sie auch war. Und es tat weh, sich einzugestehen, wie weit man vom richtigen Weg abgekommen war. Aber eines hilft mir bis heute dabei, wenn ich wieder einmal von meiner Vergangenheit eingeholt werde: der Gedanke und die Gewissheit, dass Gott bei alldem dabei war und dass ihm mein Leid nicht entgangen ist. Das zu wissen ist für mich beruhigender als alles andere.

So verstand ich, dass Gott selbst es war, der mich im Bauch meiner Mutter geschaffen hatte, und dass er es ist, der meine Wege und meine innersten Gedanken kennt. Er war dabei, als ich mit meiner Schwester und meinem Papa vergnügt am Strand der Ostsee entlanggerannt bin, ebenso bei jeder langen Zugfahrt. Bei jedem Umzug. Bei jeder geweinten Träne und bei jedem Glücksmoment. Ich wusste damals zwar noch nicht, dass er dabei war, aber er war es trotzdem.

„Jedes Lied, dass Sie lieben, jede Erinnerung, die Ihnen wichtig ist, jeder Augenblick, der Sie zu Tränen gerührt hat – alles das ist Ihnen von dem Einen geschenkt worden, der Sie von Ihrem ersten Atemzug an umworben hat, um Ihr Herz zu gewinnen. (aus: Stacy und John Eldregde: *Weißt du nicht, wie schön du bist*, Gerth Medien 2012)

Es scheint im ersten Moment nicht alles gut auszusehen, was uns im Laufe unseres Lebens passiert ist. Wenn wir jedoch beginnen, unsere Lebensjahre aus der Sicht Gottes zu betrachten, erkennen wir Stück für Stück die passenden Teile des Puzzles und die Schönheit des Ganzen, wenn die einzelnen Teile sich zusammenfügt haben. Und wenn wir diese andere Sicht auf einmal erahnen, können wir nicht anders, als Gott zu loben und zu preisen. Nicht zufällig sind die Psalmen in der Bibel und viele andere Bücher des Alten und Neuen Testaments gefüllt mit Worten des Lobes und des Preises für Gott. Und ich liebte es, diese Worte zu lesen und in den Lobpreis miteinzustimmen.

Doch bei allem, was ich als junge Christin las, begegnete

mir immer wieder ein Ausdruck, der besonders bei mir hängen blieb: der Friede Gottes. Ein Friede, der weit über menschliches Verstehen hinausgeht und ein Friede, der nicht abhängig von unseren Gefühlen und Handlungen ist (vgl. Philipper 4,7). Gott verspricht uns in seinem Wort einen Frieden, der unsere verwundeten Herzen heilen und unser gebrochenes Leben wieder ganz machen kann. *Jesus kann zwar nicht rückgängig machen, was uns zugestoßen ist, aber er kann unseren Kopf zärtlich in seine Hände nehmen und unsere Blickrichtung verändern.* Er kann ermöglichen, dass unsere Augen sein Licht sehen anstatt die Dunkelheit, die hinter uns liegt; dass sie auf seine Liebe schauen anstatt auf unsere Verletzung, und er kann unseren Blick auf das Kreuz richten, an dem er alle Dunkelheit und allen Schmerz überwunden hat.

· · · · ·

Ich begriff in dieser ersten Phase als Christin zutiefst, dass Jesus mich nicht nur retten, sondern auch heil machen wollte. Dass er meine leeren Hände befüllen wollte mit seinem „Shalom" (Hebräisch für „Frieden").

Es genügte mir vorerst, zu erkennen, dass ich tatsächlich nichts tun konnte, außer ihm meine Hände entgegenzustrecken. Nun würde ich lernen müssen, alle sicheren Seile, von denen ich bisher geglaubt hatte, dass sie mich vom Fallen retten würden, loszulassen, um mich nur noch an Jesus festzuhalten. Ich sollte lernen, dass der Schmerz über meine Vergangenheit nichts war, was ich vor den Menschen, geschweige denn vor ihm verbergen musste, sondern, dass ich durch meinen Glauben lernen würde, ihn anzusehen, und schließlich zu verarbeiten und hinter mir zu lassen.

Geschlossene Hände können sich nicht nach etwas Neuem ausstrecken. Geschlossenen Händen ist es nicht möglich, Jesu Hand zu ergreifen und seinen Frieden zu empfangen. Also entschied ich mich irgendwann, einfach loszulassen. Und ihm zu vertrauen. Ja, ihn bewusst in meine Leere einzuladen, die mich all die Jahre immer so gequält hatte.

Je länger ich nun über meine Wüste der inneren Leere und des Schmerzes nachdachte, desto mehr erschien sie mir nicht mehr beängstigend, sondern wie ein Ort, an dem Gott wohnen wollte. Ich verstand: Mein Körper, mein Geist und meine Seele können ein Wohnort für seine Fülle, seine Gnade und seinen Frieden sein! Und vielleicht konnte meine eigene Wüste ein Ort werden, der mit Gottes Hilfe wieder zu blühen beginnt. Mit dieser neuen Hoffnung im Herzen ging ich weiter auf meinem Weg mit Jesus, der mich schon bald auf eine abenteuerliche Reise und in ein anderes Land führen würde.

2.2 … lässt mich nicht mehr los

Ich habe eine Lieblingsgeschichte im Alten Testament. Es ist die Geschichte der ägyptischen Sklavin Hagar, die kurz vor dem Verdursten von Gott gesehen wird. Mitten in der Wüste. Nachzulesen ist die Geschichte in Genesis 16.

Eigentlich ist es eine Geschichte voller Leid, Verzweiflung und Einsamkeit. Aber alles ändert sich, als Hagar von Gott gefunden wird. Denn dort, mitten in der Wüste, schickt Gott ihr einen Engel und rettet sie. Ich erkenne mich immer wieder in dieser Sklavin. Sie wird nicht nur am Tiefpunkt ihres Lebens von Gott gefunden und angesprochen, sie gibt Gott auch einen ganz persönlichen Namen:

> *„Da rief Hagar aus: ‚Ich bin tatsächlich dem*
> *begegnet, der mich sieht!‘ Darum nannte sie den*
> *Herrn, der mit ihr gesprochen hatte: ‚Du bist der*
> *Gott, der mich sieht‘"*
> *(1. Mose 16,13).*

Wie musste es sich für Hagar angefühlt haben, von Gott angesehen zu werden? Offensichtlich so überwältigend, dass sie dieses Erlebnis in seinen Namen „einschreiben" wollte. In der Bibel ist nur ein einziges Mal die Rede davon, dass ein Mensch Gott einen Namen gibt. Das ist die Geschichte von Hagar. Einer Frau in der Wüste. Einer Sklavin. Verlassen und verzweifelt. Von genau dieser Frau lässt sich Gott einen zusätzlichen Namen geben. Von einer Frau, die verstoßen und verachtet war.

Sie war eine vermeintlich unwürdige Person in einer Geschichte mit anderen Protagonisten, und doch ist es genau sie, die Gott in der Bibel hervorhebt. Das berührt mein Herz zutiefst und zeigt mir, wie Gott zu demjenigen werden will, an den wir uns in der Not wenden. Er will derjenige sein, der uns rettet. Er will derjenige sein, der uns liebevoll „umgarnt" und der uns sucht, bis er uns gefunden hat. Und er wünscht sich das alles so sehr.

Hagar nannte ihren Gott von nun an „El Roi", das ist hebräisch und bedeutet: „Der Gott, der mich sieht". Und die Wasserstelle, an der der Engel Gottes sie findet, taufte sie auf den Namen „Brunnen des Lebendigen, der mich sieht." Der Ort, an dem sie sich von Gott gesehen fühlte, wurde zu ihrer Versorgungstätte, zu dem Ort, an dem Gott nicht nur ihren körperlichen Durst löschte, sondern auch den ihres Herzens.

Bis zu diesem Zeitpunkt war Hagar eine Frau gewesen, der man viele Namen gegeben hatte. Sie war eine Sklavin, eine zutiefst verletzte und wahrscheinlich emotional missbrauchte Frau. Sie war unerwünscht, ausgestoßen und vertrieben. Die Blicke, die man ihr bis zu diesem Zeitpunkt zugeworfen hatte, waren höchstwahrscheinlich keine wertschätzenden gewesen.

Oh, wie ich sie verstehen konnte! Möglicherweise war das der Grund, warum ich immer wieder meinen Blick von Gott abwendete und seinen Blick auf mir nicht aushielt. Wollte ich nicht angesehen werden, weil ich unter den Blicken meiner Vergangenheit zu zerbrechen drohte?

Gibt es vielleicht auch in deinem Leben Blicke, die dir beigebracht haben, anderen nicht mehr zu trauen? Und welche Blicke trägst du auf dir, ohne dir ihrer überhaupt bewusst zu sein?

Wie oft erwidern wir im Alltag nicht Gottes Blick auf uns und verpassen so die Erinnerung daran, dass wir in seinen Augen Königskinder sind, ja, dass das unsere wahre Identität ist. So erging es auch mir in einer besonderen Nacht, in der ich nicht mehr wusste, wo ich noch Halt finden sollte –

obwohl ich Jesus schon kannte. Ich erinnere mich noch genau daran, wie ich voller Verzweiflung, nach meiner Identität ringend, im Bett lag und Gott in die Dunkelheit hinein die Frage stellte:

„Jesus, ich muss wissen, wer ich bin. Also, wer bin ich wirklich?". Und was er mir antwortete, war Folgendes: „Du bist das Mädchen, das ich aus der Finsternis gezogen habe. Du bist das Mädchen, dessen Tränen ich gesammelt habe, und du bist das Mädchen, das ich liebe." Und ich antworte ihm: „Und wer bist du wirklich, Jesus?"

„Das will ich dir zeigen ..." Die Frage, wer er ist, geht immer einher mit der Frage, wer wir sind. Denn wenn wir verstehen, wer Gott wirklich ist, verstehen wir auch gleichzeitig, was unsere wahre Identität ist. Denn zu einem Blick, sei es in der Begegnung zweier Menschen oder auch in der Begegnung mit Gott, gehören immer derjenige, der etwas ansieht und derjenige, der angesehen wird. So ist es kein Zufall, dass meiner Frage „Jesus, wer bist du?", die Frage „Ich muss wissen, wer ich bin", vorausgegangen war. Sehender und Gesehene sind untrennbar miteinander verwoben.

Leicht übersehen wir im Alltag unsere Bedürfnisse und unsere Sehnsüchte. Ja, wir überhören die leisen Rufe unseres Herzens und wundern uns dann, warum unser Innerstes immer noch hier und da ziept, und uns manche Tage beinahe unerträglich macht.

Meine Frage an Gott war eine scheinbar simple, aber dennoch so wichtige: „Jesus, ich muss wissen, wer ich bin. Jesus, ich muss wissen, wer ich bin – nach all diesen Jahren der Ungewissheit. Jesus, ich muss wissen, wer ich bin, wenn alle meine Sicherheiten wegfallen und es am Abend still wird. Wer bin ich?"

Wenn ich weiß, wer ich bin und zu wem ich gehöre, kann ich mutig der Zukunft entgegenblicken und voller Zuversicht den neuen Tag beginnen. Deshalb müssen wir wissen, wer wir sind; wer wir in Jesus Christus sind, und wer wir sind, wenn am Abend der Vorhang fällt und wir mit uns allein sind. Die Antwort war so simpel wie genial und zutiefst bewegend: Ich bin eine von Gott Gesehene. Und eine Gesehene zu sein, schließt aus, übersehen zu werden.

Wir sind die von Gott Gesehenen. Indem Gott uns in unserer größten Not und mit unserer tiefsten Sehnsucht sieht, wird er jedem von uns zu einem „El Roi". Zu unserem Gott, der uns sieht. Und der uns zeigt, wer er für uns sein will. Das Ziel seiner Liebe und seiner ganzen Aufmerksamkeit, das sind wir. Das bist du.

Was löst das in dir aus, wenn du am Morgen mit dem Wissen aufwachen darfst, gesehen zu werden? Indem wir anerkennen, dass Gott „El Roi" ist, erkennen wir gleichzeitig an, dass wir „die von Gott Gesehenen sind". Das ist unsere Identität. Unsere Bestimmung. Und unsere Hoffnung. Und mit dieser Hoffnung lässt es sich so viel besser leben!

· · · · ·

Die Geschichte dieser mutigen Frau, die, trotz ihrer widrigen Umstände, Gott als den Gott erkannte und benannte, der sie sah und für sie sorgte, wurde mir zu einer Zeit erzählt, in der ich nicht ganz so mutig wie Hagar war. Genau genommen war ich sogar wieder mutlos geworden. Denn ich wusste nicht, wie ich mit dem Schmerz und der Verbitterung, die erneut meine täglichen Begleiter geworden waren, umgehen sollte. Ich war mit Ereignissen konfrontiert worden, vor denen ich, wie schon so viele Male zuvor, meine Augen verschließen wollte. Wie Hagar vor ihrer Herrin Sara, flüchtete ich vor meiner Vergangenheit, ohne zu merken, dass Gott mir doch genau dort begegnen wollte, wo es mir am meisten wehtat.

1,5 Jahre waren nun schon vergangen, seit ich Gott mein Leben übergeben hatte. Schon kurz nach meiner Bekehrung traf ich die Entscheidung, einen Freiwilligendienst im Ausland zu absolvieren. Ergriffen von der tiefen Liebe, die mir durch Gott begegnet war, schmiedete ich Pläne, der ganzen Welt von Jesus zu erzählen. Am liebsten wollte ich ganz weit weg und überall von meiner großen Hoffnung erzählen. Doch Gott hatte einen anderen Plan und sandte mich für ein Jahr in ein Zentrum der Fackelträger nach Rumänien. Kein wildes Abendteuer in Afrika oder keine Straßenevangelisation in Asien, wie ich es mir vorgestellt hatte. Doch auch Rumänien war ziemlich abenteuerlich und das Land stahl mir schon bald mein Herz.

Es war mittlerweile Frühling und ich war schon ein halbes Jahr bei den Fackelträgern. In ihrem Zentrum konnte ich Gott und anderen Menschen dienen und zugleich war es wie eine Auffangstation für ein kleines Vögelchen wie mich, das erst einmal lernen musste, seine Flügel auszubreiten und zu fliegen. Als ich meine Bewerbung geschrieben hatte, hatte ich Jesus erst vier Monate lang gekannt und bei meiner Aussendung nach Rumänien war ich gerade mal ein Jahr lang gläubig gewesen. Doch für mich war schon immer klar gewesen: Wenn ich etwas mache, dann mache ich es richtig und mit all der Liebe, die in mir steckt. Und wie sehr war die Liebe zu Jesus in mir schon gewachsen, seit ich ihn kennengelernt hatte!

Gleich zu Beginn meines Lebens mit Gott für mehrere Monate bei einer Organisation wie den Fackelträgern zu sein, prägte mich und meinen frischen Glauben tief, und ich glaube, dass die Zeit in Rumänien den Grundstein für mein ganzes weiteres Leben legte.

Die Erfahrung zu machen, dass, egal in welchem Land ich war, Gott ebenfalls dort war, war überwältigend. Der Gott, den ich erst vor Kurzem kennengelernt hatte, wurde hier auf einer anderen Sprache angebetet und war für die Menschen genauso real wie für mich. Mein Glaube war also tatsächlich mehr als eine Einbildung; Gott war auch hier in Rumänien gegenwärtig!

Mein Blick wurde durch die Zeit dort gleich zu Beginn meines Christseins extrem geweitet und ich verdanke den Mitarbeitern und anderen Freiwilligen aus diesem Jahr unglaublich viel. Dort am Rande der Karpaten, unter dem beeindruckendsten Sternenhimmel, den ich bis dato gesehen hatte, und mit Aussicht auf die scheinbar unendliche Weite dieses schönen Landes, weitete Gott mein Herz für ihn nahezu ins Unermessliche.

Und ohne meine Geschichte zu kennen und ohne es zu merken, brachte mir jeder der Mitarbeiter dort eine andere Charaktereigenschaft Gottes näher. Die anderen Volontäre waren immer dann ein Zeugnis für Gottes Vergebungsbereitschaft, wenn wir uns wie Geschwister in die Haare bekamen und uns danach wieder vergeben mussten. Viele der Mitarbeiter arbeiteten aufopfernd hingebungsvoll und viele Stunden am Stück, um den anderen im Zentrum zu dienen. Manch einer ermahnte, und wieder ein anderer brachte Ruhe und Frieden in eine Situation, in der wir sie dringend brauchten.

Das Land, das Zentrum und vor allem die Menschen dort werden für immer einen besonderen Platz in meinem Herzen haben, den niemand anderes ausfüllen kann. Und in all den liebevollen und zugewandten Blicken, die mir die Mitarbeiter der Fackelträger zuwarfen, steckte auch immer der Blick *seiner* unendlichen Liebe – davon bin ich fest überzeugt. Diesen Blick sollte ich jedoch auch in Rumänien bald dringender brauchen denn je.

Denn nach einem halben Jahr dort erhielt ich eine Botschaft, die mir den Boden unter den Füßen wegriss, eine Kurznachricht meiner Schwester: „Sheila, Papa dreht wieder durch." Was das genau bedeutete, wusste ich nicht. Das konnte alles sein. Ich war nun schon seit Monaten von meiner Familie getrennt und hatte die letzten Monate damit verbracht, erneut die Hoffnung in mir aufkommen zu lassen, dass dieses Mal wirklich alles gut ausgehen würde. Ich wollte und konnte die Hoffnung in ihn einfach nicht aufgeben. Erst recht nicht, seit ich die lebendige Hoffnung, Jesus, kannte.

• • • • •

Monate der puren Hoffnung waren vergangen, nachdem ich Gott immer wieder angefleht hatte, die Geschichte zu wenden. Es hatte mir auch geholfen, Tausende von Kilometern entfernt von meiner Familie zu sein, und das Leben unter Christen war wie Balsam für meine Seele gewesen. Nach jahrelangen Herzensqualen war mein neues Leben als Christin und der damit einhergehende Friede so unbegreiflich und wunderschön. Alles fühlte sich so neu an; Gott hatte mir tatsächlich ein neues Leben geschenkt!

Doch als ich dann die Worte meiner kleinen Schwester las: „Er trinkt wieder", konnte ich nicht mehr und brach zusammen. Die Tränen, die meine Wangen hinunterliefen, kamen aus der Tiefe meines Herzens und ich begann, ängstlich zu zittern. Ich wollte schreien. Ich wollte wegrennen. Vor mir selbst, vor meinem Papa, ja sogar vor Gott.

Selbst hier in einem fremden Land schafften es diese wenigen Worte, mir den Boden unter den Füßen wegzureißen und ich wusste nicht, wie oft ich das noch würde aushalten können. Wie oft würde mir noch mein Herz gebrochen werden, wie oft würde ich noch diese entsetzliche Angst haben müssen, meinen Papa zu verlieren? Dass er immer noch lebte, glich für mich einem Wunder. So viele Male war er schon betrunken Auto gefahren. So viele Male hatte ich ihm betrunken ins Bett geholfen. Und so viele Male hatte er wahrscheinlich schon eine Horde von Schutzengeln um sich gehabt, die ihn auf Gottes Befehl hin gerettet hatten. Ich war wütend, traurig und ängstlich zugleich. Wann würde Gott dieses Kapitel in meinem Leben endlich schließen? Und was, wenn es niemals passieren würde? Könnte ich vielleicht einfach meine Augen davor verschließen? Vielleicht müsste ich so meinem Schmerz nicht mehr begegnen und könnte meiner Angst aus dem Weg gehen. Mir schien jede andere Reaktion unvorstellbar. Jede andere Reaktion würde ich nicht mehr aushalten können.

Und mitten in dieser Zeit hörte ich die Geschichte von Hagar. Das Fackelträgerzentrum veranstaltete jedes Jahr im Frühling ein Frauenwochenende für rumänische Frauen, zu dem meist eine deutsche Sprecherin eingeladen wurde, die dann übersetzt wurde. Über das gesamte Wochenende finden dann Workshops, Lobpreissessions, Bibelimpulse und gemeinsame Freizeitaktivitäten statt. Wir als Freiwillige hatten die Freizeit mit vorbereitet und durften später auch daran teilnehmen.

Wie schon ein paarmal zuvor war auch in diesem Jahr eine Rednerin vom Schloss Klaus, einem Fackelträgerzentrum in Österreich, angereist. Sie stellte das ganze Wochenende und ihre Predigten unter das Thema „Wüstenzeiten – das Arbeitsmaterial Gottes". Als sie von der Wüste als Begegnungsort Gottes sprach, liefen mir stumm die Tränen übers Gesicht. Es kam mir so vor, als würde sie nur zu mir sprechen. Doch sie hatte diese Predigt schon lange Zeit zuvor und in einem anderen Land vorbereitet, ohne zu wissen, dass sie mich hier in diesem Zustand antreffen würde. Und dass ich ihre Worte dringender brauchen würde als alles andere.

So ist Gott. Sie sprach, als hätte Gott sie aus dem fernen Deutschland zu mir höchstpersönlich geschickt. Als wüsste sie genau, was ich gerade durchmachte und fühlte. Sie hätte sich für kein passenderes Thema entscheiden können.

Wenn ich darüber nachdenke, sehe ich rückblickend ganz

klar und deutlich Gottes Eingreifen in diesem Moment. Ihm waren meine Angst und meine Hilflosigkeit nicht egal, er hörte mein Klagen und meine Anschuldigungen. Er sah mich. Obwohl ich mich vor ihm versteckt hatte.

Die Predigten von diesem Wochenende brachten mich nicht nur zum Weinen, sondern auch zum Nachdenken. Mit ihren Worten berührte sie mich tief und doch kam danach erst recht immer wieder die gleiche Frage in mir auf: Was würde passieren, wenn mein Papa gar nicht mehr gesund wird, wenn er wieder und wieder zur Flasche greifen wird?

Die Frage nahm überhand in meinem Kopf. Sie ließ mich schier verzweifeln. Genau wie die andere Frage: Was, wenn diese schwere Traurigkeit meine Mama ihr Leben lang immer wieder einholen wird? Was, wenn sie die Schatten der Depression immer wieder verschlingen und ich sie erneut an die tiefe Traurigkeit verliere?

Ich hatte immer geglaubt, dass das alles irgendwann zu Ende sein würde, und nun konfrontierte ich mich zum ersten Mal ernsthaft mit der Frage: Was, wenn dein Happy End nicht so aussieht, wie du es dir vorgestellt hast? Was, wenn dich deine Vergangenheit immer wieder einholt und der Schritt aus deinem Schmerz heraus dich mehr Kraft kosten wird, als du zur Verfügung hast? Was, wenn der Weg raus aus deiner Wüste viel zu lange und mühsam ist? Ja, was dann?

· · · · ·

Ein paar Tage nach dem Frauenwochenende schenkte Gott mir einen wunderbaren Gedanken und begegnete mir in dieser unerträglichen Situation mit den folgenden Worten: „Ich sehe dich. Ich sehe dich auch in deiner Wüste. Und ich würde dich finden, egal wo du dich versteckst. Ja, ich würde jede Reise auf mich nehmen, um dich an dem Ort zu finden, zu dem du aus deiner Verzweiflung herausgerannt bist, und dich retten. Und wenn ich dich dann gefunden habe, bringe ich dir bei, dort zu überleben. Ja, sollte es keinen Ausweg aus deiner Wüste geben, werde ich dir beibringen, **in ihr** zu leben – und wieder aufzublühen. Denn ich kann dir nicht versprechen, dass dein Papa jemals aufhören wird zu trinken. Und ich kann dir auch nicht versprechen, dass deine Mama keine Todesängste mehr haben und eines Tages aufhören wird, traurig zu sein. Aber ich verspreche dir eines: Ich lasse Flüsse in der trockenen Erde entspringen. Ich werde Regen senden. Einen strömenden Regen voller Gnade und Heilung. Denn ‚es werden Wasser in der Wüste hervorbrechen und Ströme im dürren Land. Und wo es zuvor trocken gewesen ist, sollen Teiche entstehen, und wo es dürre gewesen ist, sollen Brunnquellen sein. Wo zuvor die Schakale gelegen haben, soll Gras und Rohr und Schilf stehen‘"* (Jesaja 35,6–7; ELB; Hervor. d. Verf.).

Auf einmal begriff ich: Vielleicht war es an der Zeit, dass ich aufhören musste, mich zu wehren und anfangen musste, Gott zu vertrauen, dass er mir beibringen würde, in dieser Wüste zu überleben – auch wenn ich ihr Ende nicht absehen konnte und mich selbst viel zu schwach dafür fühlte. Auch wenn ich die Umstände kaum ertragen konnte. Ich *musste* ihm vertrauen. Noch ein weiteres Mal. Wie Hagar. Ich konnte seinen Blick noch immer kaum auf mir aushalten, denn noch immer war die Verachtung mir selbst gegenüber zu groß, aber etwas in mir veränderte sich in diesem Moment: Ich verstand, dass ich Gottes innigem Blick nicht mehr länger ausweichen *durfte*. Ich musste mich ihm vollständig aussetzen, wenn ich lernen wollte, ihm zu vertrauen. Und so wagte ich den Schritt und sagte: „Gott, hier bin ich. Mit allem, was ich bin. Ich kann nicht mehr, aber du weißt alles und kannst alles. Bitte schaue auf mich und meine Situation und bewirke du die Veränderung in mir, die ich brauche."

Und dieser Vertrauensschritt veränderte alles. Ganz unbemerkt begann mit ihm ein kleiner neuer Samen der Hoffnung in mir aufzugehen. Und diese brauchte ich dringend, denn die nächsten Monate sollten sich bewahrheiten, was meine Schwester mir in der SMS geschrieben hatte: Mein Papa verlor sich wieder in einer manischen Depression, verlor den Verstand und griff wieder zur Flasche.

Ging es Hagar vielleicht ähnlich, als sie mit ihrem Sohn Ismail in der Wüste war? Vielleicht fühlte sie sich so wie ich in diesen Wochen? Ohne Halt. Ohne Beständigkeit. Wo zuvor sicherer Boden unter meinen Füßen gewesen war, fühlte sich die Erde, auf der ich stand, nun wieder so unbeständig wie Treibsand an. Ich kannte diesen Treibsand. Und wollte kein einziges Mal mehr darin versinken. Fühlte Hagar sich so wie wir, wenn wir die Last unseres Lebens nicht mehr aushalten können?

In der Bibel lesen wir, dass Hagar damals ziellos mit ihrem Sohn in der Wüste umherirrte. Sie schien keinen Weg mehr zu finden und auch keine Nahrung. Die fehlende Aussicht auf Versorgung musste sie vor Sorge fast umgebracht haben. Als ihr letztes Wasser aufgebraucht war, warf sie ihr

Kind unter einen Strauch, setzte sich etwa davon entfernt auf die Erde und sagte: „Ich kann nicht mit ansehen, wie der Junge stirbt!" So saß sie in einiger Entfernung und weinte laut (vgl. 1. Mose 21,15–16). Es muss eine furchtbare Situation gewesen sein. Hagar weinte und schrie in der Wüste um ihr Leben. Und ich schrie in dieser Zeit so manche Nächte und Tage stumm mit.

Es fiel mir in dieser Situation, in der diese eine, besonders tiefe Wunde ein weiteres Mal aufgerissen wurde, unglaublich schwer, auf meine Knie zu gehen und Gott zu loben, obwohl mein Herz es eigentlich wollte. Ich hatte ihm doch schon so viel zu verdanken! Aber ich konnte es einfach nicht ... Meine Gebete waren nur noch stille Herzensschreie, geboren aus der Not einer verletzten jungen Frau, die dem Schmerz, dem sie schon wieder ausgesetzt war, einfach nicht mehr begegnen wollte.

Trotzdem fand ich einen Weg in Gottes Nähe: Ich lernte Psalmen auswendig und verstand mehr denn je die Bedeutung von dem Schmerz Davids, dem Autor der meisten Psalmen. Ich lernte, Gott dafür zu danken, wer er war, und nicht für das, was er tat beziehungsweise eben noch nicht getan hatte – meinen Vater von seiner Sucht zu befreien. Wenn auch mein Herz wieder gebrochen war, konnte ich Gott immer noch dafür danken, dass wir Menschen ihm seines schon lange zuvor gebrochen hatten und er deshalb seinen Sohn Jesus Christus für uns am Kreuz brechen ließ – damit alles Zerbrochene in ihm wieder heil werden kann!

Es war das erste Mal seit ich mich bekehrt hatte, dass ich einer Situation ausgesetzt war, die es so nur in meinem

Leben ohne Gott gegeben hatte. Ich wusste nicht, was ich fühlen oder denken sollte. Meine Vergangenheit und die Probleme mit meinem Vater waren immer Dinge gewesen, die ich ohne Gott ausgemacht hatte, ja ohne ihn hatte ausmachen *müssen*. Ich hatte stets allein ums Überleben gekämpft. Wie das nun mit Jesus an meiner Seite gehen sollte, und wie er damit umgehen würde, wusste ich noch nicht.

Man könnte meinen, mit Gott war nun alles anders, aber an vielen Abenden sah ich im Spiegel wieder die sechzehnjährige Sheila, die verzweifelt versuchte, ihren Papa zu retten. In mir war so ein großes Chaos. Ich fragte mich oft, ob das alles denn nie enden würde? War das mein Los, dass ich diesen Schmerz ein Leben lang mit mir herumtragen würde? Ich konnte den Gedanken einfach nicht ertragen, auch mit Gottes Hilfe keinen Weg aus meiner trockenen Wüste zu finden, in der ich schon so viele Male zu verdursten gedroht hatte. Und nun ein weiteres Mal.

Ich verlor zu Beginn dieser erneuten Wüstenzeit keinen Gedanken daran, dass Gott mir möglicherweise gerade jetzt so nah sein wollte, wie es nur möglich war. Und so verlor ich mich die nächsten Wochen in Selbstmitleid und einem tiefen Gefühl der Verletztheit. Der Schmerz und die Wut über die eigene Unfähigkeit, meine Gefühle in den Griff zu bekommen, waren zu mächtig. Zu real war das, was mein Herz erneut gebrochen hatte. Zu real die immer wieder aufklaffende Wunde. Doch Gott würde diese Wunde in mein größtes Wunder verwandeln. Und ohne, dass ich es ahnte, deckte er durch all den Schmerz Wahrheiten auf, die ich so dringend erkennen musste.

Und dort, inmitten meines Schmerzes, fand ich ihn. Ich hat-
te eine Begegnung mit Gott, wie sie Hagar in der Wüste erlebt
hatte. Denn als ich dachte, meinen Verstand zu verlieren, griff
Gott mit seiner starken Hand ein. Und so schaffte ich es, loszu-
lassen und mich vollends in seine Hände fallen zu lassen.

Noch blind vor Schmerz erwartete ich nicht, dass ich in
dieser Wüste Gott erneut treffen würde. Ich wusste nicht,
dass er mich in diesem Frühling ein weiteres Mal an sein
Herz rufen würde. Und dieses Mal war sein Ruf persönlicher
als je zuvor. Wieder einmal zeigte er mir, dass seine Geduld
mit uns größer ist als alles, was wir uns vorstellen können.
Denn seine Gnade reicht so weit der Himmel über der Erde
ist (vgl. Psalm 103,11). Und dieses Versprechen galt auch mir
ganz persönlich.

· · · · ·

Es war inzwischen April und es waren schon ein paar Wochen
seit der Hiobsbotschaft über den erneuten Absturz meines
Vaters vergangen. Die Sonne erwärmte in diesen Tagen die
kalte, harte Erde immer mehr, die noch die Narben und Lasten des Winters trug. Ich fand mich zu dieser Zeit oft in den
Wäldern und Wiesen rund um das Zentrum der Fackelträger
wieder. Ich liebte den Anblick der wiedererwachenden, auf-
blühenden Natur; wie sich alles regte und die Bäume und
Blumen sich der Welt präsentierten, als würden sie das erste
Mal ihre Blüten und Blätter der Sonne entgegenstrecken.

In Rumänien war die Landschaft noch viel unberührter
als in meiner Heimat und man konnte stundenlang spazie-
ren gehen, ohne einen Menschen zu treffen. Ich wünschte

mir manchmal, ich wäre auch noch so unberührt wie diese Natur ... Ihr Anblick erfreute mich und doch stand er in deutlichem Kontrast zu meinem Inneren. Nachdenklich streifte ich durch die Frühlingslandschaft. Sollte dies tatsächlich das Ende meiner Geschichte sein? War es mir nicht vergönnt, die schmerzhaften Erinnerungen in meinem Kopf irgendwann zu vergessen und mutig und mit einem heilen Herzen in die Zukunft zu blicken? Wann würde ich meine Blickrichtung endlich ändern können?

Meine Vergangenheit holte mich offensichtlich immer wieder ein und bei jedem Mal wurden meine inneren Verteidigungsmechanismen schwächer. Hinzu kam diese unendlich große Scham. Ich sah meine neuen christlichen Freunde um mich herum, die anderen Freiwilligen und Bibelschüler. So viele von ihnen stammten aus einem soliden Elternhaus. Ich wusste, dass auch sie ihre Geschichten und Probleme mitbrachten, aber im Gegensatz zu ihnen fühlte ich mich so beschmutzt, so unwürdig und so anders, wenn ich über meine eigene Vergangenheit nachdachte. Ich schämte mich außerdem für die Narben an meinem Arm, und ich schämte mich für meine regelmäßigen Wutausbrüche und für meine Panikattacken, die mich auch in Rumänien immer noch hin und wieder überfielen.

Alles, was ich wollte, war einfach nur „normal" zu sein. Nicht in das Bild zu passen, war für mich das Schlimmste. Es gab zwar Momente und Begegnungen, in denen ich erlebte, dass meine Zerbrochenheit bei Jesus am richtigen Ort war. Auch fand ich Menschen, die mir uneingeschränkt Liebe entgegenbrachten, aber meine Grundhaltung gegenüber meiner Geschichte und meiner eigenen Persönlichkeit blieb lange Zeit dieselbe: Verachtung. Ich verachtete diesen Teil von mir. *Ich erlaubte Gott zwar, mich aus sicherer Entfernung anzublicken, aber sobald er mir zu nahekam, wich ich ihm aus.* Ich konnte sein liebevolles Eingreifen einfach nicht ertragen und zulassen. Ich wollte von ihm weder im Innersten berührt noch wirklich intensiv angesehen werden.

Es genügte, dass ich mich selbst verachtete. Ich wollte nicht, dass er das auch tun würde, wenn er zu viel von mir sah. Ich hatte so große Angst, dass Gott mich eines Tages auch so sehen würde, wie ich mich sah. Und so versteckte ich mich vor ihm, ohne es bewusst zu merken.

Das Prinzip, dass wir Menschen uns vor Gott verstecken, ist nicht neu, sondern hat seinen Ursprung bereits in der ersten Geschichte, die Gott mit uns Menschen schrieb. Erinnerst du dich an die Geschichte im Garten Eden? Da waren Adam und Eva, die genau das taten: Sie versteckten sich. Vor Gott. Wichen seinem liebenden und vergebenden Blick aus. Nachdem sie vom verbotenen Baum der Erkenntnis gegessen hatten und damit die erste Sünde der Menschheit begangen, fiel ihnen auf, dass sie nackt waren. Und plötzlich gab es Scham im Paradies. In dem Paradies, in das Gott die Menschen voller Liebe gesetzt hatte, und in dem sie zuvor in engster Gemeinschaft mit ihm gelebt hatten. Doch anstatt nun sofort in seine Arme zu rennen und um Vergebung zu bitten, versteckten sich Adam und Eva vor ihrem Schöpfer. Sie schämten sich zu sehr für ihren Ungehorsam und zeigen uns damit, wie schmerzhaft es enden kann, wenn wir uns vor Gottes Blick fürchten und vor ihm wegrennen. So wie ich selbst es immer wieder in meinem Alltag erlebte, hielten auch Adam und Eva seinen Blick nicht aus, und ließen sich deshalb nicht von ihm gesundlieben.

Wenn wir uns jedoch – trotz unserer Schuld und unseres Versagens – von Gott anblicken lassen, finden wir Gnade in seinem Blick und er kann uns Schritt für Schritt zeigen, welche konkreten Maßnahmen notwendig sind, um unsere Not zu wenden. Und dass er das tun möchte – unsere Not wenden – bezeugt uns sein Wort. In der Bibel lesen wir ganz oft, dass Jesus sich von dem Leid der Menschen, mit denen er unterwegs war, berühren ließ. Es ist unglaublich schön zu lesen, wie er mit der Not anderer Menschen umging. In Jakobus 5,11 (ELB) steht, dass der Herr „voll innigen Mitgefühls und barmherzig ist". In Matthäus 9,36 wurde Jesus, als er die Volksmenge *sah*, „innerlich bewegt", weil sie erschöpft und verschmachtet waren wie Schafe, die keinen Hirten haben. Und in Lukas 7,12–13 wurde Jesus zutiefst angerührt, als er die Witwe weinen *sah* und trösten wollte. Solche Beschreibungen ziehen sich durch die ganze Bibel hindurch. Wir berühren Gott mit unserem gebrochenen Herz und mit unserer Not.

Das alles zeigt mir, wie ernst Gott es nimmt, wenn wir trauern und heil werden müssen. In all diesen biblischen Geschichten sah Gott die Menschen genauso voller Mitgefühl an, wie er uns auch heute noch ansieht. So wie er mich sieht, und so wie er dich sieht. In der Bibel steht, dass Gott ganz genau weiß, was in den Herzen der Menschen vorgeht. Als ich damals noch mit Scham und Selbstverachtung zu kämpfen hatte, machte mir dieser Gedanke beinahe Angst, doch inzwischen macht er mich sehr dankbar und lässt mich staunend und ehrfürchtig vor Gott stehen.

· · · · ·

In den kommenden Monate erlebte ich noch viele wunderbare Momente in diesem wilden Land Rumänien und viel innere Heilung in anderen Bereichen. Doch trotzdem gab ich Gott nicht die Erlaubnis, mich durch und durch anzuschauen. Meinen „blinden Fleck" sollte auch er nicht sehen. Ich spielte weiter Verstecken mit ihm ...

Und mit jeder weiteren Enttäuschung, jeder Panikattacke und jedem Wutausbruch verlor ich ein klein wenig mehr den Glauben daran, dass Gott auch diesen Teil von mir heilen konnte. Mein Schmerz war einfach zu groß, die Angst zu real und mein Herz zu verbittert.

Gleichzeitig lernte ich während den Monaten im Fackelträgerzentrum so viel über Gottes Wesen und seine Eigenschaften. Wir lasen morgens täglich zusammen in der Bibel, ich traf Christen aus der ganzen Welt, die mich inspirierten und ermutigten, und entwickelte so eine innige Beziehung zu Gott und erlangte ein großes Wissen über sein Wort. Doch gefühlt kratzte dies alles dennoch nur an der Oberfläche, da ich Gott jeglichen Zugang zu meinem wundesten Punkt verweigerte.

Gegen Ende meines Aufenthalts in Rumänien waren schon zwei Jahre vergangen, seitdem ich mich bekehrt hatte, und ich hatte keinen Zweifel mehr daran, dass meine ganze Schuld am Kreuz von Golgatha hing. Jedoch war mir damals noch nicht bewusst, dass mit meiner Schuld auch mein zerbrochenes Herz mit Jesus an das Holzkreuz genagelt worden war. Er hing dort mit meiner Vergangenheit. Mit meinem Leid. Und mit all meiner Scham.

Wäre Gott nicht gekommen, wäre die Wüstenwanderung für Hagar das Ende ihrer Geschichte gewesen. Und so war es auch bei mir. Gott kam, und plötzlich wurde meine Wüstenwanderung nicht das Ende meiner Reise, sondern der Beginn meiner Heilungsreise.

· · · · ·

Aber auch wenn die Sorgen mich selbst Tausende von Kilometern entfernt manchmal fast um den Verstand brachten, überlebte ich. Ich wich keinen Zentimeter mehr von Gottes Seite und es war, als würde seine Hand mich einfach nicht loslassen. In diesem Kampf musste ich nicht mehr ohne ihn gehen. Und was in Psalm 139 steht, wurde für mich ganz persönlich wahr: „Wohin könnte ich schon gehen, um deinem Geist zu entkommen, wohin fliehen, um deinem Blick zu entgehen? Wenn ich zum Himmel emporstiege – so wärst du dort! Und würde ich im Totenreich mein Lager aufschlagen – dort wärst du auch! Hätte ich Flügel und könnte mich wie die Morgenröte niederlassen am äußersten Ende des Meeres, so würde auch dort deine Hand mich leiten, ja, deine rechte Hand würde mich halten! Und spräche ich: ‚Nur noch Finsternis soll mich umgeben, und der helle Tag um mich her soll sich verwandeln in tiefste Nacht!‘, dann wäre selbst die Finsternis nicht finster für dich, und die Nacht würde leuchten wie der Tag. Ja – für dich wäre tiefste Dunkelheit so hell wie das Licht!“

Schließlich war ich am Ende meines Einsatzes in Rumänien angelangt und würde in wenigen Wochen wieder nach Hause fliegen. Hinter mir lag ein Jahr, das sich für mich wie ein persönliches Weihnachts- und Geburtstagsgeschenk zusammen angefühlt hatte. Über all die Monate hinweg hatte ich über meine Zeit bei den Fackelträgern einen Blog geschrieben und regelmäßig Bilder und Videos gepostet, die uns Freiwilligen bis heute ein großer Schatz sind. In einem Blogeintrag aus dieser Zeit schrieb ich:

„Ich bereue es keine Sekunde, nur geputzt und gekocht zu haben. Ich bereue es keine Sekunde, nur in Europa gewesen zu sein. Es war genau das, was ich gebraucht habe und wofür Gott mich, uns, gebrauchen wollte. Ich freue mich darauf, euch zu Hause wiederzusehen, euch umarmen zu dürfen und euch zu erzählen: Ich habe erlebt, was wahre Freundschaft bedeutet, was wahre Liebe wirklich ist, und vor allem wie gut Gott ist. Gnade über Gnade haben wir von ihm erhalten! Wenn ich zu Hause bin, erzähle ich euch vielleicht aber auch, wie ich geweint habe, als ich armen Menschen begegnete, wie ich bei der Arbeit in der Küche und im Haus geschwitzt und manchmal geflucht habe, und wie ich ein anderes Mal tiefen Frieden in meinem Herzen und große Dankbarkeit darüber empfunden habe, singend am Fuße der herrlichen Berge Wäsche aufhängen zu dürfen. Dieses Land hat mich so viel glücklicher gemacht!

Auf jeden Fall werde ich euch erzählen, dass über alldem ein riesengroßer Gott steht, der alles überblickt, und wie froh ich bin, dass nicht ich es überblicken muss. Und es war auch nicht ich selbst, die das alles geschafft hat, sondern es war Gott in Form seines Heiligen Geistes, der mir die nötige Kraft und Liebe geschenkt hat, die ich für dieses Jahr gebraucht habe. Und es ist Jesus, der mich wieder sicher nach Hause bringen wird."

Wenn ich heute, Jahre später, diese Worte lese, bin ich wieder tief berührt von dieser ganz besonderen Zeit. Sie strotzte nur so von der neugewonnen Liebe, die ich in Jesus gefunden hatte. Nur wenige Monate zuvor hatte ich ihn noch nicht gekannt, hatte ich noch keine Perspektive Ewigkeit haben dürfen und noch nichts von einer Zukunft voller Hoffnung gewusst. Doch spätestens in Rumänien wurde ich zu einer Gesehenen. Einer von Gott selbst Gesehenen. Während der Zeit dort ahnte ich jedoch noch nicht, wie wichtig, heilsam und prägend dieser Auslandsaufenthalt für mein ganzes weiteres Leben sein würde. Zwischen all den Küchenschichten, Wanderungen und stundenlangen Putzeinheiten wurde mein Herz auf eine Weise für Gott geöffnet, wie es in Deutschland vielleicht gar nicht möglich gewesen wäre.

Ich schrieb damals weiter in meinem Blogeintrag:

„Meine Mitmenschen haben mich glücklicher gemacht. Dieser Ort, der anderen Menschen die Liebe Gottes nahebringen will, hat mein eigenes Herz tief verändert. Hier leben und arbeiten wirklich Menschen, die das Licht von Jesus ganz tief in ihrem Herzen tragen und es an andere weitergeben. Sie haben mit ihrer hell brennenden Fackel auch mein Feuer für Jesus weiter entfacht und ich wünsche mir nichts mehr, als dieses Feuer nie mehr ausgehen zu sehen. Das Feuer in meinem Herzen für Jesus soll immer größer werden, und ich möchte es die nächsten Monate weiter schüren. Es wird Herbst in Rumänien und die Tage werden kürzer und dunkler, aber ich fühle mich stets behütet und weiß,

dass auch in meinem Herzen ein Licht angezündet wurde, das nicht mehr ausgeht, egal wie dunkel es um mich herum wird."

• • • • •

Zurück in Deutschland galt es schließlich, dieses Licht tatsächlich am Brennen zu halten. Ich zog zurück zu meiner Freundin in die WG, in die ich nach der Trennung von Felix gezogen war, und suchte mir einen Job als Erzieherin. Aber vor allem suchte ich weiter nach Gottes Herz. Dabei wurde mir die Bibel zu einem großen Schatz. Vor meinem Leben als Christin hatte ich die Bibel als ein einfaches Buch abgetan. Sie war für mich nur ein Geschichtenbuch, ja, sogar ein Märchenbuch gewesen. Aber ich verstand nun immer mehr, dass die Bibel ein Buch ist, in dem *wahre* Geschichten niedergeschrieben wurden. Geschichten von Menschen wie dir und mir. Geschichten der Hoffnung, der Erneuerung, des Scheiterns und des Vergebens.

Ich glaube, wenn ein Mensch erst einmal erkennt, wer und wie Gott ist und wie wahrhaftig und lebensverändernd sein Wort ist, ist alles möglich. Denn so war es auch bei mir. Nach meiner Zeit in Rumänien verbrachte ich wieder viel Zeit mit dem Wort Gottes, und war beinahe noch „verliebter" in die Bibel als zuvor.

Im Nachhinein muss ich darüber schmunzeln und staune, *wie sehr* ich mich in sein Wort verliebt hatte, ja, wie sehr mein Herz nach ihm dürstete. Es war, als hätte ich am Ende einer langen Schatzsuche endlich das kostbare Gold ausgegraben. Und ich glaube, dass mit jedem Wort, das ich las oder aussprach, mein Herz ein bisschen mehr heilte.

Ich durfte endgültig erkennen: Gottes Wort ist mehr als ein Geschichtsbuch. Er selbst offenbart sich darin, es ist sein persönlicher Liebesbrief an dich und mich. Und indem wir diesen Liebesbrief lesen, erkennen wir immer mehr, wer er ist und was er uns, seinen Kindern, verspricht. Und Gott hält sein Wort.

Alles, was ich zu dieser Zeit wollte und alles, wonach mein Herz sich sehnte, war, diesem Gott, der mich gefunden hatte, immer näher zu sein. Deshalb versuchte ich, so viel Zeit wie möglich mit ihm zu verbringen.

Wir dürfen die für unsere Heilung scheinbar unbedeutenden Momente wie eine kurze Andacht, ein stilles Gebet oder ein einzelnes Lied, das Mitsingen, niemals in ihrem Wert schmälern. All diese Momente tragen dazu bei, dass unser Herz wieder ein bisschen heiler und freier wird. Ja, jeder einzelne Augenblick, den wir in Gottes Gegenwart verbringen, trägt zu unserer Heilung bei und sorgt dafür, dass Jesu strahlendes Licht uns mehr und mehr durchdringt und ausfüllt. Und wir dürfen darauf vertrauen, dass seine Hand uns während des gesamten Heilungsprozesses führt, und dass Gott auch aus den kleinsten Dingen ein Wunder geschehen lassen kann.

So begann ich damals, die Veränderung in mir immer mehr zu spüren. Auch wenn sie noch klitzeklein war und eher einem kleinen Pflänzchen in einem Riss des trockenen Wüstenbodens glich, konnte ich doch erkennen, wie der kleine grüne Zweig sich langsam aufrichtete und sich einen Weg durch die trockene und staubige Erde bahnte. Der kleine Zweig der Hoffnung.

Auch wenn der Friede in mir vielleicht gerade einmal so groß wie eine kleine Knospe war – er war da. Und er wurde immer größer. Ich bemerkte, wie etwas in mir immer mehr heilte. Zwar fegten immer noch Stürme in unregelmäßigen Abständen über mich hinweg, aber sie fühlten sich nicht mehr ganz so überwältigend und vernichtend an wie früher. Ich schaffte es, jedem neuen Sturm ein bisschen mehr die Stirn zu bieten. Nein, Gott verschonte mich nicht von ihnen, aber er brachte mir bei, wie ich die Stürme mit seiner Hilfe besser überleben konnte.

Ich spürte, wie ich es außerdem in Konfliktsituationen immer besser schaffte, nicht mehr gleich aus der Haut zu fahren und Angst zu bekommen, mein Gegenüber zu verlieren. Und ganz allmählich gelang es mir auch, die altbekannte Stimme der Anklage in meinem Kopf von der Stimme Jesu zu unterscheiden. *Es war ein Kampf zwischen der Stimme der Verdammnis und der Stimme meines Retters, die immer lauter wurde.*

Ich lernte, mein oft aufgeregtes und wild herumspringendes Herz besser unter Kontrolle zu bekommen und ihm einen „Lagebericht" zu senden, der mehr der Realität entsprach als meine Gefühlsstürme. In dieser Zeit wurde mir klar: Weil Gott mein Herz gemacht hat, kann er auch damit umgehen und mir helfen, dass ich es ebenfalls kann. So erinnerte sich mein Herz bald nicht mehr nur an meine traumatischen Kindheitserinnerungen, sondern auch an die Kraft der Vergebung. Mehr und mehr verwandelten sich die bitteren Gefühle in Gedanken der Vergebung und es tat mir nicht mehr ganz so weh, mich zu erinnern. Doch all diese

Erinnerungen an frühere Tage wurden nicht einfach ausgelöscht. Sie sind immer noch ein Teil von mir. Aber ich habe gelernt, dass es in Gottes Hand liegt, ob sie irgendwann ganz verblassen werden oder nicht. Und dass er in beiden Fällen an meiner Seite bleiben und mich durchs Leben leiten wird.

Es gab sie zwar immer noch, die dunklen Nächte und Momente, in denen mir die scheinbar entgleisende Kontrolle so große Angst machte, dass sich mein Innerstes zusammenschnürte, aber sie wurden weniger. Meine Verletzung wurde weniger. Heilung begann. Gottes Gegenwart nahm in meinem Leben zu, und es begannen tatsächlich kleine Bäche der Gnade inmitten meiner Wüste zu entspringen und langsam über das dürre Land zu fließen. Und ich schaffte es, Gott dabei immer mehr Raum zu geben – und seinen Blick auf mir auszuhalten.

Es gelang mir auch immer mehr, die Kontrolle an ihn abzugeben und meine Faust, in der ich krampfhaft alles in meinem Leben festhalten wollte, langsam zu öffnen. Was ich stets wusste, war, dass ich diesen Veränderungsprozess nicht schaffen würde, wenn ich versuchen würde, alles aus meiner eigenen Kraft heraus zu tun. Es war und ist Jesus in mir; sein Heiliger Geist war und ist es, der mich heilt, nicht ich selbst. Das zeigte mir Gott damals immer deutlicher.

Dabei gab Gott das Tempo vor, auch wenn das bedeutete, an manchen Tagen zwei Schritte zurückzugehen, um am nächsten wieder einen kleinen nach vorne zu wagen. Gott zeigte mir in diesem Prozess immer wieder, dass er derjenige war, den ich brauchte. Er war und ist der Weg zu Heilung und zur Freiheit (vgl. Johannes 14,6). Und ich flüsterte in so manchen Stürmen: „Ja, das bist du, Jesus, du bist der Weg." Und er ist die Wahrheit, und in so manchen Gefechten gegen mich selbst musste ich mir auch das immer und immer wieder sagen: „Ja, Jesus, du bist die Wahrheit. Und du sagst die Wahrheit über mich." Und er ist das Leben. Und ich bestätigte an so vielen Tagen auch das: „Ja, Jesus, du bist das Leben, das Leben in Fülle."

Dabei wurde mir immer mehr bewusst, dass ich das alles nur erleben durfte, weil er mich zuerst angesehen hatte. Voller Liebe und Gnade.

· · · · · ·

Es muss irgendwann in den darauffolgenden Monaten gewesen sein, als Gott mir immer wieder dasselbe Bild schenkte. Mehrere Male träumte ich denselben Traum und während des Betens sah ich immer wieder ähnliche Bilder vor mir. Ich schrieb den wiederkehrenden Traum in mein kleines schwarzes Buch, das mir zum Abschied in Rumänien geschenkt worden war und in das ich seit Monaten alles notierte, was mich berührte: Sprüche, Begegnungen, Bibelverse, Predigtnotizen, Briefe an Gott und Gebetsanliegen. Ich hatte das kleine Buch überall mit hingeschleppt.

An jenem Morgen schrieb ich folgende Sätze in mein Buch: *Eine blühende Blumenwiese. Auf ihr sehe ich jegliche Art von herrlichen Blüten. Das Bild strahlt pure Heiligkeit und Leichtigkeit aus. Und dann ist da ein junges Mädchen in der Mitte der Wiese, sie tanzt zwischen den Blumen. Ich erkenne ihr Gesicht nicht, aber ich spüre, dass ich dieses Mädchen bin. Von dem*

Mädchen geht pure Freude und Lebendigkeit aus, denn sie hat gelernt, selbst in den heftigsten Stürmen ihres Lebens zu tanzen und ihrem Gott zu vertrauen.

Gott setzt ein Komma an die Stelle, an der Menschen schon einen Punkt setzen wollten. Gott schaut unsere Geschichte an und sagt uns mit jedem Sonnenaufgang zu, dass sie noch nicht zu Ende erzählt ist. An jedem neuen Tag, an dem die Sonne aufgeht, hat Gott einen Grund, uns erneut erwachen zu lassen: Er möchte die Geschichte mit uns weiterschreiben! So wie Hagar weiterleben konnte, weil sie von Gott angeschaut wurde, so erfuhr auch ich, dass ich weiterleben konnte in meiner ganz persönlichen Wüste – und dass ich mit Gottes Hilfe lernen konnte, wieder aufzublühen, auch wenn meine äußeren Umstände sich nicht änderten.

Und wenn ich das kann, kannst du das auch!

2.3 … lässt mich die Wahrheit sehen

„Im Vertrauen auf den, der alles in der Hand hat, wollte ich die Kontrolle abgeben, auch wenn mich das an Orte führen würde, die ich nicht mehr kontrollieren könnte."
(aus Ann Voskamp: Durch meine Risse scheint dein Licht, Gerth Medien 2018)

Ich war inzwischen schon ein ganzes Stück heiler geworden und hatte in Deutschland wieder Fuß gefasst. Offensichtlich war ich nun stabil genug geworden, dass Gott mir den nächsten großen und wichtigen Schritt Richtung Freiheit zumutete. Es war der Blick auf meine „blinden Flecken", zu dem er mich eines Tages liebevoll, aber bestimmt herausforderte. Sein gnädiger Blick auf mir gab mir die Kraft dazu.

Wenn wir von Gott ganzheitlich verwandelt werden wollen, müssen wir ihm unsere tiefste Wunde und unsere größte Not hinhalten. Auch wenn es schmerzt. Doch erst dann ist es ihm möglich, sie in ein großes Wunder zu verwandeln. Und was sein liebevoller Blick aufdeckte, als er Stück für Stück die restlichen blinden Flecken meines Herzens erhellte, war zwar erschütternd, doch gleichzeitig auch sehr befreiend.

In welchem Bereich deines Lebens hast du noch keine Befreiung erfahren und wo ist es vielleicht an der Zeit, die Sklaverei und das schwere Joch, das du trägst, zu brechen?

Wenn wir wirklich frei werden wollen, müssen wir uns unter sein Licht der Wahrheit stellen und uns vertrauensvoll in seine Hände begeben. Nicht nur mit unseren schönen Seiten. Auch mit unserem Dreck. Denn Jesus will all unseren Dreck von uns nehmen, damit er ihn im verzehrenden Feuer seiner Liebe und Heiligkeit in Asche verwandeln kann, die uns nicht länger belastet. Und in seinen Händen, in den Händen, die uns im Leib unserer Mutter gebildet haben, sind wir dafür genau am richtigen Ort. Sein Licht kann unsere Welt erhellen, auch all diese schmerzhaften und dunklen Stellen in uns.

Gott weiß genau, wie er mit unserem gebrochenen Herzen umgehen muss, ohne dass wir uns wieder an den Lasten unserer Vergangenheit verletzen, aber wir müssen uns ihr ehrlich stellen. Für mich war der nächsten Schritte deshalb so wichtig, um selbst frei zu werden, aber auch, um die Menschen, an denen mein Herz noch hing, freizulassen.

· · · · ·

Eines Tages konnte ich diesen großen blinden Fleck in meinem Herzen nicht mehr ignorieren und musste mir eingestehen: Der Grund für all meine Verzweiflung und Rastlosigkeit war die Co-Abhängigkeit zu meinem Vater, in der ich schon seit Jahren steckte. Ich wusste schon lange, dass ich in Bezug auf Männer und auf mich selbst einen Blick eingeübt hatte, der nicht gesund war. Durch die ständige Angst, verlassen zu werden, und die verzweifelten Versuche, von meinem irdischen Vater gesehen zu werden, entwickelte ich äußerst ungesunde psychische Bewältigungsstrategien. Auch wenn mein Papa mich natürlich immer wieder „sah", verlor ich ihn und er mich doch immer wieder aus den Augen, wenn seine Sucht ihn blind für alles andere machte. So stand unsere Beziehung auf einem sehr wackligen Fundament. Und irgendwann wurde mir schmerzlich bewusst, dass sich Züge dieser Beziehungsmuster auch noch in den aktuellen Beziehungen zu meinen Mitmenschen wiederfanden.

Meine Mitmenschen bekamen davon wahrscheinlich meistens nichts mit, doch ich trug noch immer innerliche Verletzungen mit mir herum, die ich irgendwann einfach leid war. So viele Male spürte ich wieder die Angst, verlassen zu werden, wenn Freunde etwas ohne mich unternahmen, und so viele Male war ich getrieben von meiner großen Not, nicht gesehen zu werden. Ich hatte mich abhängig gemacht. Von anderen Menschen. Und um frei zu werden, musste ich diese Wahrheit über mich zunächst aussprechen. Das tat weh. Denn als Gott mir aufs Herz legte, das auszusprechen, was in seinem Licht aufgedeckt worden war, wehrte sich mein Herz spürbar dagegen und stach gewaltig. Ist es nicht verrückt, wie stark unser Körper und unsere Emotionen miteinander verknüpft sind?

Doch Gott sagte mir auch in dieser Situation zu, dass er mich nicht verlassen würde. Und dass mein Schmerz auch seiner war. Er versicherte mir: „Ich werde weder zulassen, dass du ertrinkst, noch dass du im Feuer verbrennst. Wenn du durch tiefes Wasser oder reißende Ströme gehen musst – ich bin bei dir, du wirst nicht ertrinken. Und wenn du ins Feuer gerätst, bleibst du unversehrt. Keine Flamme wird dich verbrennen!" (vgl. Jeraja 43,2)

Und so begann ich, endlich all das in Worte zu fassen, was mir in den vergangenen Jahren widerfahren war. Ich wusste, dass das erst ein Anfang war. Aber jeder Weg beginnt schließlich mit einem ersten Schritt. Und so schrieb ich in mein kleines Buch: *Ich habe mein Leben in einer Abhängigkeit verbracht.* Es waren nur acht Worte, aber sie waren mein erster Schritt in die Freiheit heraus aus genau dieser Abhängigkeit.

• • • • •

Insgeheim wusste ich zwar schon lange, dass die Beziehung zu meinem Vater keine gesunde war, und ich kannte den Begriff „Co-Abhängigkeit" wahrscheinlich schon seit meinem zehnten Lebensjahr, aber wahrhaben wollte ich es nicht.

Selbst in diesem Moment noch nicht. Konnten wir diesen Schritt nicht einfach überspringen bitte?

Ich wollte mir nicht eingestehen, all die Jahre Sklavin dieser Abhängigkeit gewesen und dadurch immer noch an die Vergangenheit gefesselt zu sein. Ich habe eine extreme Form von Abhängigkeit erlebt, durch die nicht jeder von uns gehen muss, das ist mir bewusst. Und doch sind wir alle von bestimmten Dingen oder Personen abhängig, die uns von der bedingungslosen und vertrauensvollen Hingabe an Gott abhalten. Es ist deshalb so wichtig, dass wir uns dieser Lebenslügen und Abhängigkeiten sowie unseres Misstrauens Gott gegenüber bewusst werden. Damit wir die Freiheit in Anspruch nehmen können, die wir in Jesus geschenkt bekommen haben.

Es war in diesen Tagen, als Gott mich mit dem Psalm 139 fast schon „verfolgte". Ich bekam ein Buch geschenkt, in dem es immer wieder um diesen Psalm ging. Und ich realisierte, dass die Karte, die ich vor einiger Zeit von einer Freundin geschenkt bekommen hatte und die seitdem mein Fensterbrett zierte, ebenfalls einen Vers aus Psalm 139 beinhaltete. Immer wieder kam der Psalm mitten im Alltag in meinen Kopf und ich erinnerte mich daran, dass ich ihn schon damals in Rumänien auswendig gelernt hatte.

Ist Gott nicht wunderbar? Er kann mit unserem ungelösten Puzzle umgehen, und wenn wir unsere Augen des Herzens trainieren, können wir seine kleinen Liebesbeweise überall um uns herum erkennen – und werden uns wie der Psalmbeter David bewusst: Wir sind umgeben von Gottes Liebe (vgl. 139). So begann ich, mich noch einmal intensiv mit dem Psalm 139 auseinanderzusetzen, und Stück für Stück wurde dabei mein Blick auf mich selbst verändert. Aber das war zunächst schmerzhaft.

Ich wollte nicht, dass diese alte Wunde noch ein weiteres Mal aufreißt und ich wollte Gott nicht dort Einblick gewähren, wo es sich die Lügen in der Dunkelheit bequem gemacht hatten. Diese hartnäckigen Lügen, dass ich ein Opfer meiner Vergangenheit bin und bleibe, dass ich kein Recht auf eine blühende Zukunft voller neuer Hoffnung habe, dass ich selbst schuld an allem bin, was mit mir passiert ist – und dass ich mich nur hätte mehr anstrengen müssen, um in keine Co-Abhängigkeit zu geraten. Das stimmte natürlich nicht und doch musste ich das zugeben, was ich insgeheim schon lange wusste: *Du hast dein Leben lang in Abhängigkeiten gelebt und dich von anderen Menschen, Meinungen und fremden Blicken versklaven lassen. Du hast keine Schuld an dem, was dir in der Vergangenheit widerfahren ist, aber das Ganze* **muss** *aufhören. Du musst dich endlich von all den falschen Verantwortungs- und Schuldgefühlen lösen, vor allem aber musst du damit aufhören, selbst die Retterin deiner Eltern sein zu wollen.*

Ich diskutierte mit Gott: „Aber ich habe doch schon längst damit aufgehört!" Und er antwortete mir: „Nein, das hast du nicht." – „Ich wohne doch nicht mehr bei meinen Eltern und habe eine Arbeitsstelle, ich bin doch unabhängig!" – „Und doch denkst du, du könntest deine Eltern an meiner Stelle retten." – „Ich wohne ein ganzes Stück entfernt von meinen Eltern und ich fühle mich nicht mehr so für sie verantwortlich wie früher." – „Das stimmt, und doch machst du dein Lebensglück insgeheim immer noch von ihrem abhängig ..."

Ich wollte keine Abhängige mehr sein, und die Angst, vor ihm zuzugeben, dass ich in diesem Bereich noch immer viel Heilung und Befreiung brauchte, wurde enorm groß. In Rumänien hatte ich bereits gelernt, Gott in allem zu vertrauen – auch, wenn die äußeren Umstände sich niemals ändern sollten und ich noch lange Zeit in dieser Wüste leben würde. Doch gerade die letzten Monate hatten mir gezeigt, dass die emotionale Bindung zu meinen Eltern immer noch über ein gesundes Maß hinausging.

Es fühlte sich so an, als würde Gott ein Pflaster von einer Wunde wegreißen, und ich, sein Kind, wollte mit aller Kraft verhindern, dass es noch einmal schmerzte. Dabei wollte er die Wunde nur noch einmal gründlich säubern, damit sie endgültig heilen konnte.

Hast du vielleicht auch solche Bereiche in deinem Leben, die dich noch immer unfrei machen und wo noch einmal ein bewusster Schritt in die Freiheit nötig wäre?

· · · · ·

Ich fürchtete mich so sehr vor dem Schmerz. Bitte nicht noch einmal. Ich wollte diesen Schmerz nicht mehr fühlen, den ich all die Jahre so gut gekannt hatte. Und plötzlich kamen mir die Tränen, weil ein Gedanke mich nicht mehr losließ: „Und deswegen habe ich dir Psalm 139 geschenkt. Weil ich nicht von deiner Seite weichen werde. Weil ich dich in- und auswendig kenne, meine Liebe, und weil ich weiß, was du brauchst und was du sagen willst, noch bevor du deinen Mund öffnest. Ich habe dir und allen anderen Menschen Psalm 139 gegeben, um euch daran zu erinnern, dass es keinen Ort auf der ganzen Welt gibt, an dem ihr euch vor meiner Liebe verstecken könntet, und dass ich euch an jeden Ort der Welt folge würde – ganz egal, wie dunkel es dort auch ist. Denn ich bin als Licht in diese Welt gekommen und keine Dunkelheit dieser Welt kann dieses Licht auslöschen." Gott sprach eine Prophetie über mein Leben. Noch im selben Moment wusste ich: *Daran wirst du dich dein Leben lang erinnern. Es* war ein Schlüsselmoment in meinem Näherkommen zu Jesu Herzen.

Es war so notwendig, Gott auch Zugang zu diesem Teil meines Herzens zu gewähren, ihn auch in diesen dunklen Raum zu lassen. Zu diesem Thema habe ich auch einmal eine Geschichte erzählt bekommen, die davon handelte, dass Jesus sinnbildlich vor unserer Herzenstür steht und anklopft. Er kann nur eintreten, wenn wir ihm die Tür auch öffnen. Wenn es dann so weit ist und wir ihm endlich Zutritt zu unserem Herzen gewähren, wird er in jede „Herzkammer" beziehungsweise jeden Innenraum von uns treten und darin aufräumen.

Ich finde, das ist anfänglich kein schöner Gedanke. Ich weiß nicht, wie es dir geht, aber ich habe es mir in meiner (inneren) Wohnung bequem eingerichtet und mich mittlerweile an den Staub unterm Bett und das schiefe Bild an der Wand gewöhnt. Ich will nicht, dass sein Licht den Dreck auf dem Fußboden sichtbar werden lässt, und ich will erst recht nicht, dass irgendjemand meine vollgestopften Schubladen öffnet und durchwühlt.

Aber nun war es wohl tatsächlich an der Zeit für meine persönliche Wohnungsdurchsuchung. Und auch, wenn ich ihn am liebsten wieder rausgeschmissen hätte, erinnerte ich mich daran, dass seine Motivation für diese Herzensdurchsuchung lediglich Liebe war. Einmal mehr berührte mich die Erkenntnis, wie *sehr* Gott mich liebt und wie sehr er sich ein Leben in Freiheit für mich wünscht. Und wie David in Psalm 139 es beschrieb, erfüllte auch mich die Erinnerung daran, wie kunstvoll Gott mich im Leib meiner Mutter erschaffen hatte, und dass alle meine Tage bereits in seinem Buch aufgeschrieben waren, mit großer Ehrfurcht.

Ich saß einige Minuten stumm an meinem Schreibtisch. Mein Blick wanderte durch mein Zimmer, mal zu meiner Bibel, mal zu dem, was ich aufgeschrieben hatte. Ich las mir noch einmal durch, was Gott mir in den letzten Minuten aufs Herz gelegt hatte, und mir fielen die Schlagworte ein, die ich mir selbst gegeben hatte: *Schon immer ein Sensibelchen. Scheidungskind. Tochter eines Alkoholikers. Heimatlos. Ausgegrenzt. Benutzt. Opfer.*

Unter seinem Blick erschien es mir jetzt fast absurd, wie ich mich selbst so niedermachen und auf das beschränken konnte, was mir widerfahren war. Und vor allem, wie sehr ich mich auf das beschränkt hatte, was andere in mir sahen. Keines dieser Worte passte nämlich zu dem Blick, den Gott auf mich warf. Jedes Wort davon war lediglich eine Beschreibung, wie ich und mein Leben von außen betrachtet erschienen.

· · · · ·

Abgesehen von der Co-Abhängigkeit, die ich noch immer ein Stück weit in mir trug, gab es da noch all die Namen,

Schimpfwörter und Drohungen, die als Jugendliche über mir ausgesprochen worden waren und die noch tief in mir festsaßen und schwer auf mir lasteten. In diesem Moment wurde mir bewusst, dass ich auch hier noch einmal genauer hinblicken und bewusst einen Schritt heraus aus der Abhängigkeit von Meinungen anderer und hinein in die Freiheit eines Lebens als Kind Gottes wagen musste.

So kam es, dass Gott mir mit dem gemeinsamen Blick auf meine „blinden Flecken" nicht nur half, mir die Wahrheit über mich selbst einzugestehen, und mir die Angst davor zu nehmen. Nein, er half mir auch, heilendes Licht auf all diese Lügen und „Flüche" und Todeswünsche fallen zu lassen, die zu meinen Mobbingzeiten über mir ausgesprochen worden waren und die immer noch im Dunkeln verborgen waren.

Damals waren es nur Worte zwischen Teenagern gewesen und höchstwahrscheinlich stand ich nie in der realen Gefahr, dass jemand mich umbringen wollte. Doch Sätze wie diese haben die Macht, Leben zu verschlingen. Leben zu zerstören. Und all diese Worte und Sätze hatte ich in den letzten Jahren mehr und mehr unter den Teppich gekehrt und gedacht, dass die Zeit schon alle Wunden heilen würde.

Auch wenn ich diesen Beleidigungen mittlerweile keinen Wert mehr zuschrieb, forderte Gott mich liebevoll dazu auf, auch diesen verletzten Teil in mir endgültig „freizugeben", indem ich ihn gemeinsam mit Gott noch einmal bewusst anschaute und die Lügen durch seine Wahrheiten über mich ersetzte. Und auch hier bedeutete es eine schmerzhafte, doch dringend nötige Befreiung für mich, einen weiteren „blinden Fleck" von Gottes Licht erhellen zu lassen.

Die Namen, die uns einst gegeben wurden, und die Verletzungen, die wir einst ertrugen, nutzt der Teufel heute noch liebend gern, um uns zu demütigen und kleinzumachen. Genau das wollte Gott verhindern und so berührte seine wunderbare Liebe auch diesen wunden Punkt meines Herzens und sein sanftmütiger Blick streifte meine Seele.

Gott forderte mich auf, mich von nun an nicht mehr für die Zeit des Mobbings zu schämen und über den Beleidigungen zu stehen. Es kostete mich in diesem Moment viel Überwindung, nicht, wie die vielen Male zuvor, meinen Blick beschämt von Gott abzuwenden, sondern seinen Blick zu erwidern. Ich wollte ihm nicht erzählen, was mir angetan wurde. Ich wollte ihn stolz machen. Ich wollte der Welt und meinem Gott doch zeigen, wie mich seine Liebe verändert hatte und wie dankbar ich für seine Gnade war. Er sollte nichts davon wissen. Und beinahe vergaß ich, dass Gott bei alldem ja ohnehin dabei gewesen war.

Und so ging ich die kommenden Tage viel ins Gebet, mal allein, mal mit meiner besten Freundin, und mal hörte ich auch einfach nur sanfte Lobpreismusik, während Jesu Gnade mich fest umschlossen hielt. Es tat so weh, diesen Teil von mir noch einmal anzuschauen, mich bewusst von ihm zu trennen und den Menschen, die mich mit ihren Worten so verletzt hatten, zu vergeben. Aber gleichzeitig spürte ich, wie wichtig und befreiend dieser Schritt war. Es tat so gut, zunächst nur meiner besten Freundin und Jesus von alldem zu erzählen, was da noch in mir war und wie ich bezeichnet worden war. Und Stück für Stück konnte meine verzerrte Identität durch die vielen Gebete und Gespräche heil werden.

· · · · ·

Irgendwann hatte ich es geschafft, auch diesen Teil in mir verändern zu lassen und ich konnte mir zugestehen: Ja, mein Leben war es wert, gelebt zu werden. Ich habe einen wunderschönen Körper, der es verdient hat, gut behandelt zu werden, und ich bin gekrönt mit Gottes königlicher Würde und Gerechtigkeit. Jesus selbst gibt mir meine Identität – und nicht mehr länger das, was andere über mich gesagt haben.

Das Wunderschöne ist, dass ich dir jetzt eine andere Antwort geben kann, wenn du mich nach Schlagworten zu meinem Leben fragen würdest. Denn ich habe erkannt, dass ich in erster Linie *die von Gott Gesehene* bin und die *über alles Geliebte*. Ja, einige der äußeren Umstände von damals haben sich nicht verändert, aber *mein Blick darauf hat sich verändert*.

Sein Blick hat meinen erneuert. Und sein Blick, sein Wort und sein Geist haben mir gezeigt, dass viele der Dinge, die meine Identität früher ausgemacht haben, entweder schlichtweg nicht der Wahrheit entsprachen oder aber, unter seinen Blick gestellt, nichts mehr über meinen wahren Wert aussagen. Da gibt es keine Verurteilung, keine Scham und keine Schuld. Unter seinen Blick gestellt, erhielt ich einen ewigen Wert.

Ja, ich bin mein ganzes Leben lang eine Co-Abhängige gewesen. Aber ich muss mich nicht mehr dafür schämen. Und indem ich nun so offen darüber rede, lasse ich Licht in die Dunkelheit hinein. Ja, ich wurde ausgegrenzt. Aber Jesus ist gerade zu den Ausgegrenzten, den Kranken und den Verstoßenen gegangen. Er wusste, dass ihr Herz nicht zu stolz für ihn war und dass sie ihn dringend brauchten. Ja, ich bin sensibel, doch steht in der Bibel nicht „Selig sind die Sanftmütigen, denn sie werden das Erdreich besitzen (Markus 2,17)"?

Unter Gottes Blick gestellt, werden die negativen Namen, die uns gegeben wurden, entmachtet, und wir erhalten neue Namen von ihm. Wir sind weder Versager noch ungenügend. Weder Verlierer noch hoffnungslos. Der bittere Nachgeschmack unserer Vergangenheit kann sich in Liebe auflösen, Verzweiflung kann sich in Hoffnung und Schuld in Vergebung verwandeln. Wir können das, was uns zugestoßen ist, durch Gottes Verheißungen eintauschen. Er möchte uns ALLES erstatten, was wir verloren haben. Doch dazu müssen wir ihm unseren Dreck, unsere Hände voller Asche hinhalten. Wir dürfen ihm von unserer Dunkelheit erzählen, und währenddessen wird er uns heilen. Und mit seinem Licht jeden Teil unserer Seele erneuern.

· · · · ·

Als ich diese Wahrheiten über mich selbst erkannte, konnte ich auch meinen Papa innerlich loslassen und ihn im richtigen Licht sehen. In *Gottes* Licht. Und so lernte ich immer mehr, dass ich weder für das Heil meiner Familie noch für den Alkoholkonsums meines Papas verantwortlich war. Und ich lernte in dieser Zeit, was ich schon lange in meinem Kopf wusste, was aber noch nicht bis zu meinem Herz vorgedrungen war: Keiner von uns ist dafür verantwortlich, eine andere Person zu retten oder steht in der Pflicht, sich komplett für sie aufzuopfern. Denn das alles hat Jesus bereits getan. Er ist der Retter jeder Person, die wir lieben. Nicht wir.

Ein wichtiger Teil meiner persönlichen Heilungsgeschichte war für mich die Erkenntnis und das Eingeständnis, dass es immer noch Dinge in meinem Herzen gab, die ich noch nicht ganz verstand. Dazu gehörte auch die jahrelang unbeantwortete Frage, wie ich richtig mit der grenzenlosen Liebe umgehen sollte, die ich meinem Vater gegenüber empfand und die gleichzeitig für so viel Verletzung verantwortlich gewesen war. Ich wusste schon sehr lange, dass mir eine Sache noch bevorstand, vor der ich mich bislang gedrückt hatte. Doch nun war die Zeit gekommen: Es war Zeit, zu vergeben. Und Zeit, die Scham endgültig loszulassen.

Ich wusste, ich musste nach all den Jahren meinen ganzen Mut zusammennehmen und mit meinem Papa von Angesicht zu Angesicht über alles reden, was passiert war. Denn wenn ich ihn innerlich wirklich freilassen und ihm vergeben wollte, war dieses bisher nie stattgefundene Gespräch dringend fällig.

So wurde mir klar, wie notwendig es für mein Herz war, anzuerkennen, dass mir viel Leid angetan wurde, und dass ich tief verletzt worden war. Ich durfte meine Not nicht länger vor mir selbst kleinreden. Das erwartete auch Gott nicht von mir. Aber ich erkannte ebenfalls, dass dieses Leid nicht mehr länger die Überhand in meinem Alltag haben durfte. Ich musste auch das Leid „freilassen". Meine Hände öffnen und es wegfliegen lassen. Und was dann übrig bleiben würde, würde wahre Liebe sein. Keine krankhafte und abhängige Liebe, sondern die Liebe, die auf der freiwilligen Entscheidung beruht, einen Menschen zu lieben, ganz gleich, welchen Schmerz er einem zugefügt hat. Denn wenn ich mich bewusst um der Liebe willen für die Liebe entscheide, nehme ich ihr die Macht, mich zu zerstören, und ich bin nicht länger von der Person abhängig, der ich sie schenke.

Ich leugne damit nicht das Geschehene und kehre auch keine Schuld unter den Teppich, aber benenne die Not, und vergebe und liebe, so wie Jesus es mir beigebracht hat. Gottes Liebe hilft mir dabei und macht alle meine Ängste vor erneuten Verletzungen zunichte. Denn die vollkommene Liebe Gottes treibt alle Furcht aus (vgl. 1. Johannes 4,18).

In dem Buch „ÜberWunden" (Leonie Hoffmann: *Über-Wunden*, Gerth Medien 2019), in dem eine junge Frau schildert, wie sie Opfer von häuslicher Gewalt und sexuellem Missbrauch wurde, schreibt die Autorin Leonie Hoffmann, dass nach all der Zeit immer noch ein Rest unzerstörbarer Liebe für den Menschen, der ihr das alles angetan hatte, in ihr übriggeblieben war. Und ich verstand sie gut ...

Bei all dem Schrecklichen, was mir passiert ist, wurde glücklicherweise kein einziges Mal eine Hand gegen mich erhoben; mein Vater war meilenweit davon entfernt, meiner Schwester und mir auch nur einen Kratzer zuzufügen, und trotzdem fand ich mich in den Worten der „Überwinderin" aus dem Buch so sehr wieder. Denn genau wie sie, fragte auch ich mich oft, wie ich meinen Papa immer noch so lieben konnte? Ich wusste nicht, wie ich ihm nach all den Jahren gegenübertreten sollte, denn es war und ist für mich schlichtweg keine Option, den Kontakt zu ihm abzubrechen.

Und manchmal fragte ich mich auch, ob meine grenzenlose Liebe zu ihm der endgültige Beweis dafür war, dass ich psychisch krank bin.

· · · · ·

Vielleicht geht es dir auch so und du verstehst die Gefühle nicht, die du für einen Menschen hast. Vielleicht gibt es in deinem Leben auch Menschen, die dich verletzt haben und denen du noch nicht vergeben hast, aber an die du dich gleichzeitig emotional noch so gebunden fühlst. Vielleicht hast du dir selbst auch noch nicht vergeben und verachtest dich selbst anstatt den Menschen, der dir so viel Leid angetan hat.

So ging es mir jedenfalls. Bei allem, was die Sucht im Leben meines Vaters und damit auch in meinem angerichtet hatte, konnte ich ihn einfach nicht weniger lieben. Aber vielleicht musste ich das ja auch gar nicht. Die Psychologin, die Leonie Hoffmann in ihrem Buch zitiert, sagte einmal in einem Gespräch zu ihr: „Sie sind nicht krank. Sie tragen nur ganz viel von Gottes Liebe in sich. Dafür müssen Sie sich nicht schämen – im Gegenteil: Es ist ein Geschenk, dass Sie nicht nur Hass und Verbitterung dem Menschen gegenüber empfinden können, der Ihnen so viel angetan hat. Das nennt man Gnade. Wenn ich einen Menschen einmal von ganzem Herzen geliebt habe, dann wird er mir niemals gleichgültig sein – egal, was zwischen uns vorgefallen ist. Und auch wenn das für andere schwer nachvollziehbar ist, ist es einfach eine Tatsache, dass kein Mensch nur schlecht ist. Und Sie haben die Fähigkeit, nach wie vor seine guten Seiten zu sehen. Das ist okay. Es dürfen noch positive Gefühle für diesen Menschen in ihrem Herzen sein. Nur eines dürfen Sie nicht tun: diese Liebesgefühle als Handlungsaufforderung zu betrachten."

Als ich das las, fühlte es sich so an, als würde Gottes Blick auf meine ganze Geschichte meine Augen öffnen und mir eine komplett neue Sichtweise ermöglichen. Ja, ich darf lieben. Ja, die Liebe bleibt ewiglich. Aber ich bin nicht mehr länger eine Sklavin meiner Gefühle und nicht mehr länger die Leibwächterin meines Papas. Wie oft hatte ich in der Vergangenheit die Wohnung nach Weinflaschen durchsucht, die Haustüre von innen abgeschlossen, damit er nicht Trinken gehen konnte und ihn regelrecht auf Knien angefleht, endlich mit dem Trinken aufzuhören. Aus Liebe, wie ich dachte. Erst jetzt verstand ich, dass ich einen Menschen lieben kann, doch dass diese Liebe mich nicht zum Handeln zwingt. Bei Leonie bedeutete das, dass ihre noch vorhandenen Liebesgefühle NICHT die Konsequenz haben durften, zu ihrem gewalttätigen Partner zurückzukehren. Und für mich würde es bedeuten, mich nicht mehr komplett für meinen Vater aufzuopfern und gesunde Grenzen zwischen ihm und mir zu ziehen.

Dass meine Aufopferung keine Taten einer gesunden Vaterliebe und Fürsorge war, sondern, dass sie mich fesselte und abhängig von ihm machte, hatte ich damals nicht erkannt. Und dieses neu gewonnene Wissen setzte mich nun frei. Ich darf lieben, denn Gott selbst, der die Liebe in Person ist, hat mir schließlich all diese Liebe in mein Herz gegeben. Und ich kann es mittlerweile als Geschenk von ihm ansehen, überhaupt so viel Liebe empfinden zu können – nicht nur meinen Mitmenschen, sondern auch mir selbst gegenüber.

Die Aufopferung und emotionale Abhängigkeit, die sich in einer Co-Abhängigkeit in einer Missbrauchsbeziehung oder auch in ungesunden Freundschaften und Familienverhältnissen zeigen kann, hat nichts mit der Selbstannahme und Selbstfürsorge zu tun, die wir uns eigentlich entgegenbringen sollten. Es kann passieren, dass wir uns in der Liebe zu einem anderen Menschen auf ungesunde Art und Weise total verlieren. Und damit tun wir niemandem einen Gefallen. Nicht uns. Nicht unserem Partner. Und Gott auch nicht. Gott erwartet von keinem von uns, sich für jemanden anderen komplett aufzuopfern. Das hat schon sein Sohn Jesus Christus für uns getan.

· · · · ·

Und so machte mich Gottes Blick auf mich Stück für Stück freier und ich lernte immer mehr, mich der Wüste anzupassen, in die Gott mich gesetzt hatte. Und der Heilige Geist verbrachte ein Wunder nach dem anderen in mir.

Als ich vor der Veröffentlichung dieses Buches mein erstes Interview für eine Mädchenzeitschrift gab und aus meinem Leben erzählte, erkannte ich, wie sehr ich mich schon veränderte hatte, und wie sich alte Denkmuster in mir immer mehr auflösten. Denn als ich im Interview gefragt wurde, welche Beziehung mein Vater und ich gerade zueinander hätten, antwortete ich der Redakteurin, dass sie gut sei. Dass ich ihn lieben kann. Auch nach allem, was passiert war. Dass wir uns inzwischen endlich ausgesprochen haben. Und dann fuhr ich fort, dass er mein Held sei.

Als ich einige Tage später das Interview zur Freigabe bekam und es noch einmal durchlas, stutzte ich über diese Aussage. Mein Held? Nein, aufgrund von allem, was er getan hatte, vergötterte ich ihn nicht länger. Und auch, wenn ich ihn immer noch liebe – mein Held ist er nicht mehr.

Und so schaffte ich es das erste Mal in meinem Leben, ihn nicht in Schutz zu nehmen, ohne mich dabei schlecht zu fühlen. Ja, ich liebe meinen Vater und ich habe ihm alles vergeben, was er getan hat. Ich bin auch dankbar für vieles, was ich von ihm lernen durfte, aber nein – mein Held ist er tatsächlich nicht mehr.

Es hat 24 Jahre gebraucht, bis ich das verstanden hatte. Und als mir das in diesem Moment bewusst wurde, konnte ich nicht anders, als vor Dankbarkeit zu weinen. Nach all diesen Jahren war ich in diesem Punkt endlich frei.

Kapitel 3: Mein Blick aus geöffneten Augen des Herzens

3.1 … lässt mich mit deinen Augen sehen

> *„Er öffne euch die Augen des Herzens, damit ihr erkennt, was für eine Hoffnung Gott euch gegeben hat, als er euch berief, was für ein reiches und wunderbares Erbe er für die bereithält, die zu seinem heiligen Volk gehören, und mit was für einer überwältigend großen Kraft er unter uns, den Glaubenden, am Werk ist"*
> *(Epheser 1,18–19; NGÜ).*

Als ich Gott verzweifelt fragte, wer ich wirklich bin, gab er mir das Versprechen, mir auch zu zeigen, wer *er* wirklich ist. Mit diesem Versprechen hatte Gott es geschafft, meinen inneren Kurs erneut auf ihn auszurichten und mich an die Wahrheit zu erinnern: Er ist der Gott, der mich sieht. Und ich bin die von Gott Gesehene. Ich wurde gefestigt in meiner Identität als Gesehene und Geliebte. Und nachdem er mich an diese Wahrheit erinnert hatte, zeigte er mir nun, wie der ist, der mich sieht.

Als ich in einer lauen Sommernacht durch das offene

Fenster nach draußen schaute und wieder einmal über Hagar und ihre Geschichte nachdachte, kam mir plötzlich der Gedanke: „Das ist also Gnade!" Gott hatte mich schon angeschaut, als ich noch ganz „unansehnlich" war. Und sein Blick unterschied sich so sehr von all den anderen Blicken, die auf mir lasteten.

Nun half mir sein Blick, nicht nur mich selbst, sondern auch die Welt immer mehr mit seinen Augen zu sehen. So kam an diesem Abend der Wunsch in mir auf: *Ich will lernen, Gottes Sicht auf die Dinge zu bekommen. Ja, ich will nichts mehr, als dass sein Blick mein Herz so tief berührt, dass ich seinem Blick nicht mehr entfliehen kann – und verändert durch diesen Blick anders auf die Welt und meine Mitmenschen schaue.*

Was würde wohl passieren, wenn du dich und die Welt durch Gottes Augen sehen könntest? Und wenn du es schaffen würdest, dich wirklich *ganz* von ihm ansehen zu lassen und diesen Blick immer wieder zu erwidern? Ich weiß, dass der Gedanke für den einen oder die andere geradezu absurd sein mag, aber was würde passieren, wenn wir es tatsächlich schaffen, unseren Blick nicht mehr von seinem abzuwenden und uns von seiner Liebe überwältigen zu lassen?

Ich glaube, dann würden wir sehen, wie sehr sich Gott bemüht, unsere Berge zu verschieben. Und wir würden sehen, wie er uns immer wieder aus den hohen Wellen zog, in denen wir uns schon fast ertrinken sahen. Denn er ist der, der uns das alles verspricht. Er ist der, der unseren Weg frei macht und Wunder vollbringt, und er ist der, der seine Versprechungen einhält.

Und so nahm ich mir in dieser Sommernacht fest vor,

künftig meine Augen des Herzens zu trainieren, um seinen Blick zu erwidern und gleichzeitig immer mehr seinen Blick auf die Welt, meine Umstände und Mitmenschen zu erahnen. Mit diesem Gedanken im Kopf schloss ich meine Augen und schlief friedlich mit offenem Fenster ein. Während Gott mir dabei zusah. Mit seinem Blick voller Liebe.

In den darauffolgenden Monaten passierte dann etwas Wunderbares: Gott offenbarte mir in einem Bild nach dem anderen, wer er ganz konkret für mich sein möchte. Und damit wurde das Versprechen, das er mir gegeben hatte, Wirklichkeit.

Es ist so wichtig, Gott in regelmäßigen Abständen zu fragen, wer er wirklich ist. Es ist scheinbar nur ein einfaches Gebet, aber die Antwort darauf kann unser ganzes Leben verändern! Und wenn wir Gott fragen, wer er ist, wird er uns immer eine Antwort geben. Das hat er uns in seinem Wort versprochen: „Wenn ihr dann zu mir ruft, wenn ihr kommt und zu mir betet, will ich euch erhören" (Jeremia 29,12).

Er hält seine Versprechen wirklich ein. Wie konnte ich auch jemals etwas anderes erwarten?

Mit dem genaueren Blick auf ihn begann der wunderbare zweite Teil meiner Heilung. Eines Morgens schenkte mir Gott die erste von mehreren Zusagen beziehungsweise Offenbarungen über sich selbst, mit der diese zweite Wegetappe begann. Es war der folgende Gedanke, der sich in mir ausbreitete, und ich erkannte sofort, dass Jesus selbst es gewesen sein muss, von dem er kam, denn zu überwältigend war der Friede, der mit diesem Gedanken einherging, als dass er von mir selbst hätte gekommen sein können:

„Als Erstes will ich dir zeigen, dass ich der Gott bin, der dich nicht verlässt."

Und als wäre das nicht genug, folgten danach immer mehr Gedanken: „Dann zeige ich dir, dass ich der Gott bin, der dir die Liebe gibt, die du brauchst. Und dann werde ich dir zeigen, dass ich derjenige bin, der sich nicht verändert, Sheila. Und ich zeige dir, dass ich derjenige bin, der dein Herz gemacht hat und der dir deshalb beibringen kann, wie du in der Wüste überlebst."

3.2 ... erkennt dich

„Es ist niemand heilig wie der Herr,
außer dir ist keiner,
und ist kein Fels, wie unser Gott ist"
(1. Samuel 2,2; LU).

Man sagt, dass die Erlebnisse, die man im Kindesalter gemacht hat, ausschlaggebend für die gesamte weitere Entwicklung eines Menschen sind. Sie brennen sich tief in unsere Seele ein. Und beeinflussen unser ganzes Handeln und Denken.

Bei mir hatte es ganze 23 Jahre gedauert, bis ich erkannte, wie sehr der Umgang mit meinen Mitmenschen noch immer von dieser großen Lüge und Angst, irgendwann verlassen zu werden, gesteuert wurde. Zuvor war ich immer davon überzeugt gewesen, dass irgendetwas mit mir nicht stimmte. Dass meine Angst, verlassen zu werden, berechtigt war. Nicht umsonst war ich schon mit 17 Jahren auf die geschlossene Station einer Jugendpsychiatrie eingewiesen worden ... Mein Herz bricht, wenn ich heute über diese dunkle Zeit nachdenke und wenn ich mir vorstelle, wie vielen jungen Mädchen und Frauen es gerade genauso geht wie mir damals. Aber gleichzeitig feuert mich dieser Gedanke auch an, mit allem, was ich bin und tue, anderen die Frau zu werden, die ich als Jugendliche gebraucht hätte.

Es tut mir von Herzen leid, wenn du gerade Tag für Tag einen Kampf durchstehen musst. Und ich bete, dass du dich von Gott ansehen und heilen lässt wie das kein anderer vermag. Ich wünsche mir diese Freiheit für dich so sehr!

Wie sehr muss es damals wohl Gott berührt und wehgetan haben, als er mir dabei zuschauen musste, wie ich mich selbst zerstörte? Über Monate hinweg griff ich immer wieder zu „Werkzeugen", mit denen ich mich selbst verletzen konnte. Und das alles, weil ich schon mein ganzes Leben lang der Lüge glaubte, dass ich verlassen werden könnte, und mit diesem Gefühl nicht anders umgehen konnte. Ich konnte es nur durch körperlichen Schmerz ertragen, der mich eine Zeit lang ablenkte.

Ist es nicht fürchterlich, wie lange ich und du schon unbewusst Lügen in uns herumtragen, die uns bestimmen, ohne dass wir es merken? Es hat mich all die Jahre innerlich schier umgebracht und enorme Kraft gekostet, bei allem, was ich tat, versuchen zu verhindern, dass ich meinen Gegenüber verliere.

•••••

Ich weiß nicht, welche Menschen du in deinem Leben hast gehen lassen müssen und welcher Traum wie eine Seifenblase zerplatzt ist. Der Traum einer guten Beziehung – zerplatzt. Der Traum einer heilen Zukunft – zerplatzt. Der Traum, endlich anzukommen – zerplatzt. Der Traum, gesehen und geliebt zu sein – zerplatzt. Und möglicherweise weißt du selbst gar nicht, was es ist, das so heftig in dir arbeitet. Genauso wie ich all die Jahre keinen blassen Schimmer davon hatte, was eigentlich mit mir los war. Vielleicht ist es jetzt an der Zeit, einmal wirklich in dich hineinzuhören und Gott ganz persönlich zu fragen: „Kannst du mir zeigen, was mir solche Angst macht? Papa, welche Lüge glaube ich bis zum heutigen Tag?"

Ich glaube, dass wir an einem bestimmten Punkt in unserem Leben ganz offen und ehrlich zu Gott gehen und den Heiligen Geist darum bitten müssen, uns endlich die Wahrheit zu zeigen. Nimm das alles bitte nicht auf die leichte Schulter. Leg vielleicht sogar genau jetzt dieses Buch zur Seite, schnapp dir deine Bibel und rede mit deinem Vater im Himmel über die Lügen, die aufgedeckt und entmachtet werden müssen, in deinem Leben. Denn was ich erlebt habe, ist nicht deine Geschichte; jeder von uns trägt eine andere Lüge mit sich herum.

In Jeremia 29,12 steht (Herv. d. Verf.): „Denn ich allein weiß, was ich mit euch vorhabe: Ich, der Herr, habe Frieden für euch im Sinn und will euch aus dem Leid befreien. Ich gebe euch wieder Zukunft und Hoffnung. Mein Wort gilt! Wenn ihr dann zu mir ruft, wenn ihr kommt und zu mir betet, will ich euch erhören. *Wenn ihr mich sucht, werdet ihr mich finden. Ja, wenn ihr von ganzem Herzen nach mir fragt, will ich mich von euch finden lassen.* Das verspreche ich, der Herr. Ich werde euer Schicksal zum Guten wenden: Aus allen Ländern und Orten, in die ich euch zerstreut habe, will ich euch wieder sammeln und in das Land zurückbringen, aus dem ich euch damals fortgejagt habe. Darauf könnt ihr euch verlassen!"

Es ist seine Zusage, dass er uns hört, wenn wir zu ihm rufen und beten. Und wenn wir ihn suchen, werden wir ihn finden. Ja, wenn wir mit ganzem Herzen nach ihm fragen, will er sich von uns finden lassen. Er will. Es steht hier nicht nur, dass er es tun *wird*, sondern *dass es sein Wille ist.* Gott *will*, dass wir zu ihm rennen und ihm alles, was uns auf der Seele brennt, erzählen. Er *will*, dass wir Stunden unseres Lebens in seinem Wort verbringen und ihn immer besser kennenlernen.

Er wünscht sich nichts mehr, als dass wir ihn als unseren Vater im Himmel erkennen, der uns niemals verlässt. Darauf können wir uns verlassen. Daran glaube ich. Nicht, weil es sich schön anhört, oder weil ich es mir sehnlichst wünsche, sondern weil es in Gottes Wort steht. Es ist sein Wille. Aber es liegt an uns, ihm nahezukommen. Diesen Schritt müssen wir gehen. Er drängt sich uns nicht auf. Aber er wartet darauf, dass wir zu ihm kommen und unsere Lebenslügen gegen seine wunderbaren Wahrheiten bei ihm eintauschen. Also, lauf zu ihm.

3.2.1 … als den, der mich nicht verlässt

„Denn Gott hat gesagt: ‚Ich werde dich nie
verlassen und dich nicht im Stich lassen‘“
(Hebräer 13,5; NL).

Wie ich bereits beschrieben habe, trennten sich meine Eltern, als ich ungefähr sechs Jahre alt war, und bis heute erzähle ich den Leuten, die mich fragen, was damals passiert
sei, dass mein Papa uns verließ. In meinem Kopf hatte sich
eingebrannt, *verlassen* worden zu sein. Obwohl mein Vater
meine Mutter verlassen hatte, hatte sich die Lüge, dass er
mich verlassen hatte, tief in mir verfestigt und prägte mein
Denken bis ins Erwachsenenalter.

Und ich habe festgestellt, dass das Bild, das wir von unserem irdischen Papa haben, häufig unser Gottesbild prägt.
Die Erfahrungen, die wir als Tochter oder Sohn machen,
übertragen wir folglich unterbewusst auf unsere Beziehung
zu Gott. Erst einige Monate nach meiner Bekehrung merkte ich, wie falsch mein Bild von Gott gewesen und wie sehr
es noch von Lügen durchzogen war. Denn ich traute damals
auch Gott zu, dass er mich eines Tages verlassen könnte. Ich
hatte keinen Zweifel daran, dass er mich liebte, denn ich
wusste ja auch immer, wie sehr mein irdischer Papa mich
liebte – und mich trotzdem immer wieder verließ.

Ich stellte außerdem fest, wie leicht es mir fiel, an Gottes Güte zu glauben und wie zuversichtlich ich war, dass
er wirklich allmächtig war. Schließlich tat mein Papa auch

immer alles, damit es mir und meiner Schwester gut ging und wirkte deshalb beinahe „allmächtig" auf uns Kinder.

Doch dann fiel mir auf, wie schwer es mir fiel, nichts für Gott tun zu können. Ja, ich hatte es kaum ausgehalten, mir seine Liebe nicht irgendwie verdienen zu können. In der Beziehung zu meinem Vater war ich schließlich auch immer diejenige, die wahnsinnig viel gab und sich selbst komplett aufopferte. Einfach nur ein umsorgtes Kind zu sein, kannte ich nicht. Die komplizierte Bindung zu meinem Papa hatte sich auf meinen Glauben übertragen und der Teufel wusste nur zu gut, wie er diese unterbewussten Gedankengebilde festigen und gegen mich verwenden konnte.

Weil ich als junges Mädchen und Jugendliche schon viel Verantwortung für meine Familie übernehmen musste, neige ich noch heute dazu, jegliche Verantwortung an mich zu reißen. Und jeder kleine Kontrollverlust bestätigt mich dann darin, vermeintlich versagt zu haben.

Aber die größte Lüge, die ich durch meine Co-Abhängigkeit verinnerlicht hatte, war tatsächlich die, dass ich mit aller Macht verhindern muss, verlassen zu werden. Über Jahre hinweg hatte ich die Erfahrung gemacht, dass mir alles, was mir lieb war, wieder weggenommen werden konnte. Und ich verlassen wurde. Also war ich sicher, dass mir dies auch immer wieder passieren könnte – auch mit Gott. Deshalb fiel es mir schwer, ihm zu 100 Prozent zu vertrauen.

So war mein Vater nicht nur einmal aus meinem Leben verschwunden. Die gleiche Situation spielte sich in meiner Kindheit und Jugend immer wieder ab: Nicht nur ein- oder zweimal, es müssen Dutzende Male gewesen sein, dass ich ihn wieder ziehen lassen musste, nachdem ich mich gerade erst wieder an seine Gegenwart gewöhnt hatte. Dadurch, dass er immer wieder rückfällig geworden war und wir ihn in den akuten Zeiten nicht sehen konnten, fühlte es sich jedes Mal aufs Neue so an, als würde ich allein gelassen werden. Ich fühlte mich verlassen. Ausgetauscht. Gegen eine Flasche Jägermeister. Es gab in meiner Wahrnehmung nur noch mich – und den Alkohol. Und wenn sich mein Papa für den Alkohol entschied, entschied er sich damit automatisch gegen mich. Mein Herz brach immer wieder entzwei. Und das natürlich auch, weil ich ihn so sehr liebte – was ich bis zum heutigen Tag tue.

· · · · ·

Wenn sich eine Situation immer und immer wieder abspielt, wird sie irgendwann still und heimlich zur Wahrheit für uns. Zu einer gefährlichen Wahrheit. Aus einer kindlichen Verlustangst wurde so eine übermächtig große Angst, die mein ganzes Verhalten bestimmte.

Meine Verlustsangst nahm mich jahrelang so gefangen, dass ich mich gedanklich und emotional an alle Menschen klammerte, die mir Sicherheit gaben. Ich konnte kaum von Zusammenkünften meiner Freunde fernbleiben, weil ich der Angst, sonst ausgeschlossen und allein zu sein, keine Macht geben wollte. Und oft baute ich auch zu Orten, wie einem Reiseziel oder einem für mich besonderen Ort, eine so starke Bindung auf, dass ich das eine oder andere Mal weinend einen Urlaubsort verließ. Und wenn Freunde doch mal etwas ohne mich unternahmen, reagierte ich ebenfalls weinend und tief verletzt.

All diese Situationen waren sogenannte „Trigger-Momente", in denen ich keine „normalen Gefühle" hatte, sondern die Wucht der Gefühle aus meiner Vergangenheit noch einmal durchlebte. Nach außen spielte ich dann zwar immer die „Coole", verurteilte mich aber innerlich heimlich dafür, immer mehr zu fühlen als alle anderen.

Ich glaube, dass wir alle solche gefährlichen Lügen in uns tragen. Was wir einst als „Wahrheit" erkannt haben, raubt uns dann unser ganzes Leben lang die Kraft. Das ist fürchterlich und darf nicht sein! Weil Gott von all den Lügen in meinem Leben wusste, berührte er mich auf eine ganz besondere Art und Weise, indem er mir beibrachte, dass er, mein Vater im Himmel, ganz anders ist als das, was mich die Welt gelehrt hatte.

Er würde mich nie verlassen und nicht einmal einen Schritt von meiner Seite weichen. Mir diese grundlegende Wahrheit immer wieder bewusst zu machen, trainiere ich bis heute. Ich musste zunächst lernen, sie zu glauben, und danach regelrecht für sie zu kämpfen. Für die Wahrheit, dass Gott derjenige ist, der mich und uns nicht verlässt.

Gott schenkt uns mit der Bibel eine Art Liebesbrief. Und in jeder Situation, in der ich heute von Menschen verlassen werde oder den Ort wechseln muss, etwas Unerwartetes passiert oder eine Beziehung zu Ende geht, erinnere ich mich an diesen Liebesbrief und werde mir wieder Gottes ewiger Treue bewusst.

Ich musste in diesem Heilungsprozess jedoch auch

lernen, gnädig mit mir selbst zu sein. Denn Verhaltensweisen, die man sich sein ganzes Leben lang antrainiert hat, um sein Herz zu schützen, dürfen auch eine gewisse Zeit der Heilung in Anspruch nehmen. Ich durfte meine alten Muster Schritt für Schritt ablegen – immer ganz im Vertrauen darauf, dass unser liebender Gott durch seinen Heiligen Geist an meinem Herzen arbeitete und mir während des Veränderungsprozesses als ein Freund, Helfer und Tröster zur Seite stand. ER ist es, der uns Schritt für Schritt auf den Weg der Wahrheit führt, damit wir der Welt, frei von Zwängen und selbstverurteilenden Gedanken, mit einem mutigen und wunderschönen Herz gegenübertreten können.

Doch dieser Kampf gegen die alten Lügen und Verhaltensmuster war hart und kostete mich unglaublich viel Kraft. An manchen Tagen musste ich mich regelrecht an Gottes Versprechen festklammern. Und ich musste lernen, dass es, ganz unabhängig von meinen Gefühlen, objektive Wahrheiten gibt, die indiskutabel sind. Denn egal, was ich fühle, Gott sagt uns in seinem Wort mehrfach zu, dass er uns weder verlassen noch von uns weichen will (vgl. Josua 1,5b). Er bleibt unser Leben lang derselbe, und er wird uns tragen, bis wir alt und grau sind (vgl. Jesaja 46,4). Er hat das schon immer getan und wird nicht plötzlich damit aufhören. Er will uns halten, tragen und erretten (vgl. Jesaja 46,4). Er breitet seine Flügel über uns aus, bei ihm sind wir in Sicherheit. Dabei ist seine Wahrheit wie ein Schutzwall um uns herum (vgl. Psalm 91,4). Und wenn wir denken zu fallen, so hält uns seine Gnade (vgl. Palm 94,18). Denn er, der Herr, unser Gott, ist mit uns, wie er es schon mit unseren Vorfahren gewesen ist.

Er verlässt uns nicht und wird unsere Hand nicht loslassen (vgl. 1. Könige 8,57). Ja, er wird bei uns bleiben, alle Tage bis ans Ende der Welt (vgl. Matthäus 28,20). All diese Zusagen lassen sich bündeln in dem Versprechen: ICH WERDE DICH NICHT VERLASSEN!

Die Reise zu dem inneren Ort, an dem ich all diesen Wahrheiten Glauben schenkte, war mühselig und kostete mich viele Tränen. Doch ich spürte „unterwegs" so sehr Gottes Hand auf mir. Tag für Tag und Jahr für Jahr stärkte Gott meinen Glauben, und nahm mir im Gegenzug meine Ängste weg. Und ich lernte immer mehr, seiner Stimme mehr zu glauben als all den anderen Stimmen in meinem Kopf.

• • • • •

Eines Morgens wachte ich auf und ließ zögernd meinen Blick durchs Zimmer schweifen. Es wurde gerade hell; die Frische und neue Gnade eines neuen Morgens und das sanfte Morgenlicht, das mein Zimmer flutete, waren schon immer etwas, das ich sehr liebte. Mein Blick blieb wieder einmal an der kleinen Karte mit dem Vers aus Psalm 139 hängen, die ich mir auf mein Fensterbrett gestellt hatte: „Und wenn ich aufwache, bist du immer noch da." Ja, er war und ist immer noch da. Er war nie weg. Und es gibt keinen Ort, an den ich fliehen könnte, wo mich seine liebende Hand nicht finden würde.

Als ich diesen Bibelvers erneut las, fiel mir auf, wie viel heiler mein Herz in den letzten Jahren schon geworden war; wie sehr ich mich schon verändert hatte. Und das vor allem aufgrund dieser bedeutsamen Wahrheit, die alles überschrieb, was ich je hatte aushalten müssen. Aufgrund der Wahrheit, dass Jesus, der Gott, der mich sieht, mich nie verlassen und seinen Blick niemals von mir nehmen würde.

3.2.2 … als den, der mir die Liebe gibt, die ich brauche

„Ich breite meine Hände aus zu dir,
meine Seele dürstet nach dir wie ein dürres
Land"
(Psalm 143,6).

Mittlerweile fällt es mir nicht mehr so schwer, über meine Vergangenheit zu reden. Ich habe erfahren, wie heilsam es für andere Menschen sein kann, ihnen Einblick in das eigene Herz zu gewähren, auch wenn man sich damit verletzlich macht. Ich glaube, jedes Mal, wenn sich ein Herz öffnet, wird einem anderen Herzen die Chance gegeben, es ihm gleichzutun. Offenheit und Verletzlichkeit werden dann zu unserer Stärke und sind nicht mehr länger das, was uns vermeintlich „schwach" macht.

Ich schäme mich nicht mehr, wenn jemand meinen Arm anstarrt und die vielen Narben darauf ansieht. Ich rede offen darüber, dass ich eine schwierige Kindheit hatte. Und ich rede offen darüber, dass ich kein einfacher Teenager war. Ich rede auch über meine alltäglichen „kleinen Sünden", mit denen ich heute noch zu kämpfen habe.

Aber das war nicht immer so. Es gibt Dinge, über die ich jahrelang schwieg. Denn wenn ich auch nur über sie nachdachte, waren da nichts als Verurteilung und Vorwürfe; ganz oft konnte ich nicht einmal mit Jesus über diese Themen reden. Kennst du das auch? Dass dich die Scham davon abhält, zu deinem Schöpfer zu gehen? Dass du einfach nicht glauben kannst, dass er das alles sieht und weiß und dich trotzdem nicht verurteilt?

Manche meiner Erinnerungen hatte ich einfach in Kisten gepackt, sie fest zugeklebt, noch ein paar dicke Bücher obendrauf geschmissen und sie dann in die hinterste Eckes meines seelischen Dachbodens geschoben. Ich wollte nicht einmal daran denken, sie zu öffnen. Ich dachte, dass ich mich nur schneiden würde, wenn ich sie noch einmal anfassen müsste. Und ich wollte unter keinen Umständen mit den Menschen darüber sprechen, die für diese schmerzhaften Erinnerungen verantwortlich gewesen waren.

Wäre es nicht besser, einfach alles ruhen zu lassen und so zu tun, als wäre nichts passiert? Wenn ich vor diesen Menschen zugeben müsste, wie sehr mich vieles früher durcheinandergebracht und was es alles in mir ausgelöst hatte, kämen nur wieder die ganze Scham und Angst hoch, die ich damals gefühlt hatte. Und das wollte ich nicht noch einmal durchleben. Und doch spürte ich, dass Verdrängung nicht in die Freiheit führte. Solange ich mich nicht vollständig meinen Ängsten, meiner Scham und meinen Abhängigkeiten stellen würde, würde ich mich immer wieder von ihnen versklaven lassen. Und um dieses Gefängnis endgültig verlassen zu können, brauchte es eines: Vergebung. Denn sie ist der einzige Schlüssel zur wahren Freiheit, das verstand ich irgendwann zutiefst.

So ließ mich der Gedanke daran, vergeben zu müssen, um endgültig frei zu werden, nicht mehr los. Ich spürte richtig, dass ich nicht länger vor meiner Scham und Verletzung weglaufen durfte und diesen nächsten Schritt gehen *musste*. Ich musste vergeben. Nicht nur meinem Vater. Auch mir selbst. Und ich würde um Vergebung bitten müssen. Alles andere würde mich weiterhin fesseln. Denn die Lügen in meinem Kopf, die immer noch leicht wieder „aktivierbar" waren, entsprachen allem anderen als der Wahrheit Gottes und dem liebevollen Blick, unter dem wir als seine Kinder stehen.

· · · · ·

Eine der wichtigsten Erkenntnisse, die Gott mir schenkte, kam weder durch einen eindrücklichen Traum in der Nacht, noch durch eine Vision und ich sah auch nicht plötzlich einen Engel in meinem Schlafzimmer stehen. Es fühlte sich an einem normalen Mittag irgendwann im Februar 2020 einfach so an, als hätte sich gerade eine Tür für mich geöffnet, die zuvor noch verschlossen gewesen war. Der Blick Gottes, den ich über die Monate hinweg immer besser auf mir zulassen konnte und dem ich immer mehr Glauben schenkte, öffnete eine weitere entscheidende Tür zu einer bisher gut abgeriegelten Herzenskammer. Sein gnädiger Blick ließ mich ganz langsam auch in diesem Bereich die Wahrheit erkennen. So versteckte sich hinter dieser Tür die Wahrheit über meinen scheinbar unstillbaren Hunger nach Liebe und Bestätigung, den ich in der Vergangenheit mit meinen wechselnden Bekanntschaften zu Männern versucht hatte zu stillen. Die ganze Wahrheit über meine Beziehungsvergangenheit und meine Verletzungen im Kontakt mit Männern verbarg sich hinter dieser Tür. Und leider auch die Wahrheit über mein eigenes Versagen und die Momente, in denen ich selbst Menschen tief verletzt hatte.

Aber anstatt der altbekannten Stimmen der Verurteilungen, die sonst sofort in mir laut geworden waren, wenn ich über das alles nachgedacht hatte, war da plötzlich eine andere Stimme: die Stimme der Gnade. Denn bisher war ich nie so weit gegangen. Bisher hatte ich, sobald ich über meine Verletzungen und Verfehlungen im Bereich Beziehungen nachdachte, meinen Kopf weggedreht, als würde ich sagen wollen: „Bis hierhin und keinen Schritt weiter!"

Die Sehnsucht, die eine wahre Liebe zu finden, ist tief in uns verankert und deshalb durch und durch menschlich. Gott selbst hat uns als zutiefst beziehungsfähige Menschen erschaffen. Wir sind schließlich ein Ebenbild dessen, der die Liebe in Person ist und aufgrund seiner Dreieinigkeit in sich selbst die innigste Form von Beziehung lebt. Doch darüber hinaus war und bin ich eine hoffnungslose Romantikerin und eben einfach eine Frau, was allein schon Grund genug für all meine Sehnsüchte gewesen wäre. Und ich war zerbrochen.

Nachdem ich Christin geworden war, bin ich davon ausgegangen, oder hatte vielmehr insgeheim erwartet oder erhofft, dass sich, wenn ich Jesus nachfolgte, all meine Sehnsüchte nach der Liebe eines Mann in Luft auflösen würden und die Liebe Gottes mich voll und ganz erfüllen würde. Aber so einfach war und ist das leider nicht.

Erinnerst du dich an die „Wohnungsdurchsuchung" von Jesus, die ich in einem vorherigen Kapitel beschrieben habe? Jeder von uns reagiert vermutlich ähnlich auf eine solche Wohnungs- beziehungsweise Herzensdurchsuchung. Wie ein sich wehrendes Kleinkind hatte ich mich jahrelang geweigert, Jesus Zutritt zu *allen* meinen unaufgeräumten „Privatzimmern" zu gewähren. Ich hatte ihm zwar schon die Erlaubnis gegeben, meine Co-Abhängigkeit und meine panische Angst vor Kontrollverlust und Verlust generell aufzudecken, aber ich konnte es nicht zulassen, ihn noch näher an mich heranzulassen.

Ich wollte nicht wieder irgendeinem Schmerz ausgesetzt sein, der sich auch verhindern ließ. Ich wollte mich keiner weiteren Berührung meines wundesten Punktes aussetzen, obwohl mein Herz vor Sehnsucht nach Liebe dürstete. Doch glücklicherweise blickte Gott auch hier tiefer und weiter.

Sein Blick reicht nicht nur um die nächste Ecke oder Biegung, auch lässt er sich nicht von einer schönen Passage blenden. Er ist doch „El Roi". Der Gott, der uns sieht. Der Gott, der uns *ganz* sieht. Mit all unseren Sehnsüchten und Wünschen. Und dieser Gott blickte auch in die dunkelsten Ecken meines Herzens – und machte sie hell. Sein Licht war heller, liebevoller und heilender, als jedes Licht der Welt es jemals sein könnte.

Ich erkannte, dass er mir diese Sehnsucht nach der Liebe eines Mannes nicht wegnehmen würde. Und dass wir voll von Jesus sein können und gleichzeitig immer noch die

Sehnsucht nach einer Partnerschaft haben dürfen. Doch wenn wir Jesus nachfolgen und seine Liebe zu uns unser ewiges Fundament ist, dann dürfen wir auch diese Sehnsucht, wie alles andere, zu ihm bringen. Und unter seinen gnädigen Blick stellen. Ob er unsere Sehnsüchte und Wünsche erfüllen wird, liegt dann an ihm. Und unter seinem Blick lernen wir, mit der ungestillten Sehnsucht nach partnerschaftlicher Liebe zu leben, und trotzdem ganz erfüllt von göttlicher Liebe zu sein. Nach dieser Liebe wollte ich mich zukünftig ausstrecken, und mir war, als würde Jesus zu meinem Herzen sagen:

„*Ich* bin der, dessen Liebe du an allererster Stelle brauchst. Nicht die irgendeines Mannes."

Ich schämte mich anfangs sehr für diese schmerzhafte Wahrheit, die Jesus begann, in mir aufzudecken. Ja, es stimmte: Ich suchte in jedem Blick eines Mannes die Liebe, die mir als Kind und Jugendliche entzogen worden war. Und egal, wo ich hinkam, überall suchte ich nach einer Liebe, die bleiben und von der ich mich gesehen fühlen würde. Ich wusste sofort, dass Gott recht hatte, mit dem, was er mir sagte. Aber besser machte es das nicht.

• • • • •

Kennst du die Geschichte aus Johannes 4 von der Samariterin am Brunnen, die von Jesus auf ihre unglückliche Lebensweise hingewiesen wird? Sie hatte schon mehrere gescheiterte Ehen hinter sich und lebte in ungeregelten Beziehungsverhältnissen, als sie Jesus traf. Sie war bekannt für ihr unbeständiges Liebesleben und wurde von anderen dafür verachtet. Ich gehe später noch einmal näher auf diese Geschichte ein. Sie zeigte mir jedenfalls, dass dort, wo unsere größte Not und Scham sind, auch unsere größte Sehnsucht liegt. In diesem Fall die Sehnsucht nach wahrer Liebe. Und genau wie die Frau am Brunnen schaute Jesus mich in meiner eigenen Wüste an. Ohne Vorwurf, voller Liebe. Er legte hier zwar einen Finger in meine tiefste Wunde, aber ich durfte erleben, dass diese ehrliche Begegnung mit ihm für jede(n) von uns die größte Wende sein kann. *Wenn wir Jesus unsere größte Sehnsucht bringen, wird er daraus das größte Wunder entstehen lassen. Und unsere Stürme stillen.*

Vielleicht hilft es dir an dieser Stelle, wenn ich dir einen noch tieferen Einblick in mein Herz gewähre. Denn meine Vergangenheit und vor allem meine ersten Erfahrungen mit Männern waren nicht die, von denen kleine Mädchen träumen. Vielleicht hast du dich zu Beginn des Buches gefragt, warum ich von der Situation auf der Bühne, auf der ich vor hunderten von Leuten sexuell belästigt wurde, erzähle, und warum sie so besonders schlimm für mich war. Allein, mich noch einmal daran erinnern zu müssen, wie nah mir diese Männer gekommen waren und welche Grenzen sie überschritten hatten, kostete mich während des Schreibens enorme Kraft. Aber es war mir wichtig, nichts schönzureden. Und Fakt ist, dass manche Geschichten einfach nicht schön *sind*.

Die Wahrheit ist jedoch auch, dass sie uns nicht bestimmen dürfen. Was uns passiert und zugestoßen ist, sagt nichts über unseren Wert aus. Lange genug habe ich versucht, meiner Vergangenheit zu entkommen – und bin am

Ende doch nur an dem Versuch gescheitert, mein gebrochenes Herz einfach zu ignorieren und meine Erinnerungen auszublenden. Erinnerungen an Dinge, die ich leider nicht mehr rückgängig machen kann. Erinnerungen an eine Zeit in meinem Leben, noch bevor der sexuelle Übergriff stattgefunden hatte.

Es ist mir deswegen ein großes Anliegen, wenn es um das Thema Sehnsucht und (körperliche) Liebe geht, meine Stimme zu erheben. Sexualität ist eines der wertvollsten Dinge, die uns Gott geschenkt hat, als er uns erschaffen hat. Die Sehnsucht nach der innigsten Vereinigung mit einem anderen Menschen, das war ursprünglich seine Idee. Aber Sexualität bleibt nur dann wertvoll, wenn wir die Sehnsucht nach ihr in dem von Gott vorgesehen Rahmen ausleben – in der Ehe. Und das habe ich nicht getan.

Und dieses Wissen über meine Erfahrungen jagte mir viele Jahre nach. Unsicher darüber, ob ich wirklich so viel von mir preisgeben wollte, bat ich Gott viele Male, mir diesen Teil doch zu ersparen. Wer will schon gern von dem Dreck unter seinem Teppich erzählen? Ich jedenfalls nicht. Doch Gottes Antwort auf meine Gebete war immer wieder dieselbe: „Ich mache aus deiner größten Wunde dein größtes Wunder." Also antwortete ich ihm eines Tages ängstlich und zugleich trotzig: „Gut, dann lasse ich dich ein Wunder vollbringen. Im Vertrauen darauf, dass du mir hilfst, die Konsequenzen zu tragen, erzähle ich davon."

Mein erstes Mal hatte ich mit 16 – als One-Night-Stand mit einem Fremden. Und glaube mir, die Scham darüber saß jahrelang so fest in meinem Nacken ... Und immer, wenn ich daran dachte, dass ich nicht einmal mehr wusste, wie manche der Männer hießen, die ich geküsst hatte, ekelte ich mich einfach nur noch selbst an. Vielleicht verstehst du jetzt, warum es mir jahrelang so schwerfiel, mir selbst zu vergeben und mich als rein anzusehen? Denn was ich damals getan hatte, war alles andere gewesen als Reinheit anzustreben.

Auch wenn man vieles von dem, was ich als Jugendliche getrieben habe, als „normale jugendliche Zügellosigkeit" und pubertäres Verhalten sehen kann und ich Gottes Maßstäbe für den Umgang mit Sexualität noch nicht kannte, schlief ich trotzdem mit Männern, um das Gefühl zu bekommen, gewollt und geliebt zu sein. Ich suchte und lechzte nach der Bestätigung eines Mannes, nur um mich gesehen zu fühlen. Und das war nicht richtig.

Natürlich darf ich mich nicht mit den Maßstäben messen, die ich damals noch gar nicht kannte, aber dennoch war die Art, wie ich mit meinem Herzen umging, nicht gesund. Und die Erfahrungen hinterließen Narben auf meinem Herzen, die so schnell nicht wieder heilen wollten.

• • • • •

Noch einmal zurück zu der Geschichte aus dem Johannesevangelium Kapitel 4, in der Jesus auf die Samariterin am Brunnen trifft. Die Samaritaner galten damals als Irrgläubige und wurden von den frommen Juden zutiefst verachtet und gemieden. Jesus hatte seinen Weg jedoch bewusst durch Samarien gewählt, und er setzte sich erschöpft von der langen Reise an den Jakobsbrunnen. Kurze Zeit später kam eine Frau, die Samariterin, zu diesem Brunnen, um Wasser zu schöpfen. Sie wusste nicht, wer sie dort erwartete. Sie ging lediglich ihrer täglichen Arbeit nach, war ganz in ihrem Trott – und traf dabei auf Jesus. Mitten im Alltag, mitten in ihrer Arbeit und an einem gewöhnlichen Ort, an dem sie mit allem gerechnet hätte, nur nicht damit, Gott persönlich zu treffen. Geht es uns nicht oft genauso?

In der damaligen Kultur war es üblich, dass die Frauen die Aufgabe hatten, Wasser aus dem Brunnen zu schöpfen. Doch es war nicht üblich, dies allein zur heißen Mittagsstunde zu tun. Etwas musste die Frau bewegt haben, nicht in der üblichen Gemeinschaft, sondern allein Wasser schöpfen zu gehen. *Sie ging an den Brunnen und schöpfte Wasser, um ihren Durst zu stillen und traf dabei unwissentlich auf einen Mann, dem es möglich war, ihren Durst ewiglich zu stillen. Ich finde mich immer wieder in dieser Frau wieder.*

Jeus bittet die Frau, für ihn Wasser zu schöpfen, und nachdem sie zunächst verwundert ist, sagt er zu ihr: „Wer von diesem Wasser trinkt, wird wieder Durst bekommen; wer aber von dem Wasser trinkt, das ich ihm geben werde, wird niemals mehr Durst haben; vielmehr wird das Wasser, das ich ihm gebe, ihm zu einer Quelle werden, deren Wasser ins ewige Leben fließt" (Johannes 4, 13–14).

Und obwohl Jesus derjenige war und ist, der schon damals die Gedanken und Wünsche aller Menschen kannte und genau wusste, in welchen Umständen sie lebten, bat er die Samariterin daraufhin: „Geh und ruf deinen Mann. Dann kommt beide hierher!" „Ich bin nicht verheiratet", wandte die Frau ein. „Das stimmt", erwiderte Jesus, „verheiratet bist du nicht. Fünf Männer hast du gehabt, und der, mit dem du jetzt zusammenlebst, ist nicht dein Mann. Da hast du die Wahrheit gesagt" (Johannes 4,16–18).

Damit legte Jesus seinen Finger in ihre tiefste Wunde. Doch die Frau reagierte nicht so, wie wir es vielleicht erwarten würden. Sie reagierte nicht verletzt oder gar bissig. Warum nicht? Lag es vielleicht an dem Blick, mit dem Jesus sie anschaute? Und wie war wohl seine Tonlage, als er diese Dinge ansprach?

Wir erhalten darüber leider keine Informationen. Aber die Reaktion der Frau zeigt deutlich, dass sie in diesem Moment erkannt haben musste, wer Jesus wirklich war. Nach dieser Begegnung ließ sie nämlich alles stehen und liegen, lief in die Stadt und erzählte allen Menschen, dass sie den getroffen hatte, der alles über sie wusste (vgl. Johannes 4, 28–29).

Die Geschichte berührt mich immer wieder aufs Neue. Immer wieder berührt es mich, wie deutlich sie macht, dass Jesu Zuneigung uns heil machen kann; dass sein Eingreifen in unser Leben alles verändern kann. Jesus will für uns derjenige sein, der unseren ewigen Durst stillt.

Sein ewiges lebendiges Wasser will jede Zelle unseres gebrochenen Herzens und unseren verwundeten Körper mit Gnade durchfluten und heilen. Als Jesus am Kreuz den Tod überwand, versprach er uns damit nicht nur die Vergebung unserer Schuld, sondern auch die vollständige Heilung unseres Herzens – wie auch immer diese aussehen mag. Gott allein weiß, was es braucht, dass wir heil werden können. Aber genau deswegen, weil er allein weiß, was wir brauchen, um seelisch nicht zu verdursten, möchte ich mich von nichts anderem mehr füllen lassen als von ihm. Ich möchte, dass mein Körper, mein Herz, meine Seele und mein Verstand ein Wohnort für seinen Geist werden. Mein Leben soll ein Leben in Fülle sein, von dem Ströme des lebendigen Wassers ausgehen, wie Jesus es uns verheißen hat (vgl. Johannes 7,38).

Wasserströme in einer trockenen Wüste. Ist das nicht genau das, was wir brauchen? Das ist der Grund, warum ich Jesus so liebe. Ich bin ihm nicht zu schmutzig, nicht zu „skandalös", nicht zu schlecht. Die Geschichte von der Frau am Brunnen zeigt mir, dass er auch mir in meiner größten Not Erfüllung schenken und meine größte Sehnsucht stillen will: meine Sehnsucht nach wahrer Liebe.

• • • • •

Mit jeder Geschichte, die ich über Gott las und hörte, veränderte sich mein Blick auf mich selbst immer mehr – und damit auch auf mein zügelloses Leben als Jugendliche. Jesus ist so viel mehr als das, was wir über ihn denken. Und je mehr ich Gottes Wort las und ihn dadurch kennenlernte, desto mehr erkannte ich, wie *viel* er wirklich ist und vor allem, wie sehr er mich liebte. Denn er ist El Roi – er ist der Gott, der Hagar sah. Er sah die Samariterin am Brunnen. Und er sah und sieht auch mich und dich, und er will auch dich gesundlieben.

Sein Blick sagt: „Ich bin die Wahrheit, wenn du die Orientierung verloren hast. Ich bin die Wahrheit, wenn du mich vor lauter Dunkelheit nicht mehr sehen kannst, und ich bin die Wahrheit, wenn dich Lügen zerstören wollen." Und dieser Blick ist es auch, der uns beibringt, mit unseren unerfüllten Sehnsüchten und Wünschen zu leben.

An dem Tag, an dem mir das bewusst wurde, schien die Sonne immer wieder kurz durch die Wolken. Immer wieder wurde mein Zimmer von einzelnen Lichtstrahlen erhellt, und in diesen kurzen Momenten konnte ich die klitzekleinen Staubpartikel in der Luft herumfliegen sehen, bis die nächste Wolke am Himmel erschien und die Sonne wieder von ihr verdeckt wurde. Für mich waren diese Momente Sinnbilder für die kleinen Hoffnungsmomente in meinem Leben. In all diesen Hoffnungsmomenten hatte ich eines ganz deutlich gespürt: Der Gott, der mein Leben rettete, der mich 2016 gefunden hatte und mir eine neue Bestimmung gab, ist der Gott, der die Liebe in Person ist. Der Gott, der jeden Einzelnen von uns kennt und liebt, und deshalb für uns am Kreuz von Golgatha starb. Der Gott, der uns so lange hinterherlaufen wird, bis wir die Wahrheit mit all unserem Sein begriffen haben: Er liebt uns bedingungslos und über alle Maßen!

Sein liebevoller Blick will jeden Teil unseres Herzens berühren und gesundlieben. Und alles, was es dazu braucht, ist unsere Erlaubnis. Denn Gott drängt sich weder auf noch in unser Leben hinein. Wir müssen ihm die Erlaubnis geben, uns anzusehen, damit er uns bis in unser tiefstes Inneres verändern kann. Und diese Liebe wirklich zu begreifen, macht uns frei.

Als ich das begriff, wusste ich gleichzeitig auch: Er wird mir beibringen, wie ich das kann. Nach allem, was er mir in den letzten Jahren schon offenbart hatte, würde mir der

Gott, der mich erschaffen hatte, auch beibringen, wie mich seine Liebe nicht nur frei von aller Schuld und Sünde machen konnte, sondern auch, wie sie mein gebrochenes und sich nach Liebe sehnendes Herz zur Ruhe bringen konnte.

Durch das Schreiben dieses Buches wurde ich zwar immer wieder auf ganz neue und unbekannte Weise mit meiner Vergangenheit konfrontiert, aber ich schaffte es immer mehr, bei den Punkten, für die ich mich zuvor angeklagt hatte, nun Gottes Blick auf mir ruhen zu lassen. Und so viele Male flüsterte mir der Heilige Geist dann tröstend zu: „Ich habe dafür bezahlt, Sheila. Du musst dein Scheitern nicht länger mit dir herumtragen."

Zuzugeben, dass ich als Jugendliche ein Leben geführt hatte, das alles andere als brav und fromm gewesen war, löste viele Ängste in mir aus: Was wäre, wenn mich andere Christen nicht mehr mit dem gleichen Blick anschauen würden wie bisher, nachdem sie mein Buch gelesen haben? Kaum einer meiner christlichen Freunde weiß so genau von meinen Männergeschichten ...

Oder was wäre, wenn mich kein Mann mehr berühren wollte, weil er nun weiß, dass ich mich schon einem anderen hingegeben habe? Würde ich mich mit der ganzen Wahrheit über mich selbst nicht in ein Licht stellen, in das ich eigentlich gar nicht gestellt werden will?

Diese Fragen quälten mich während des Schreibprozesses sehr, doch ich lernte, Gott auch hierin zu vertrauen – und mich immer wieder daran zu erinnern, dass ich in dem Moment, in dem ich mich dazu entschieden hatte, Jesus nachzufolgen und Buße zu tun, frei von den Schatten meiner

Vergangenheit gesprochen wurde. „Wenn wir aber unsere Sünden bekennen, so ist er treu und gerecht, dass er uns die Sünden vergibt und reinigt uns von aller Ungerechtigkeit" (1. Johannes 1,9).

• • • • •

Jesus reinigt uns von aller Ungerechtigkeit. Und diese Reinheit tragen wir als Kinder des Herrn nun in uns. Ich bin nicht mehr die, die ich einmal war. Die Zeit der Anschuldigung und Scham ist vorbei. Ich weiß: Mir wurde alles vergeben, denn ich bin unendlich geliebt. Und so gab Gott mir, indem er diese große Last von mir aufdeckte und seinen Finger in die Wunde legte, sein zweites großes Versprechen: Ich bin der, der dir die Liebe gibt, die du brauchst.

Ich weiß heute, dass ich es mit Gottes Hilfe lernen werde, mich *mehr* nach ihm zu verzehren als nach einem Menschen. Denn die Wahrheit ist, dass die Sehnsucht nach Liebe und Intimität mit einem anderen Menschen natürlich nicht einfach aufhört, wenn wir Jesus nachfolgen. Aber die Wahrheit ist auch, dass wir mit dem Heiligen Geist einen Helfer geschenkt bekommen haben, der uns liebevoll beibringen wird, mit dieser unerfüllten Sehnsucht gut umzugehen und unsere Bedürfnisse in einem Rahmen auserleben, der gesund für unser Herz ist. Und er wird uns helfen, gut mit den Verletzungen umzugehen, die entstanden sind, weil wir es in der Vergangenheit *nicht* getan haben, und so durch andere Menschen Schaden an unserer Seele genommen haben.

Ich lernte den Männern, die mich berührt hatten, immer

mehr zu vergeben – und vor allem auch mir selbst. Die Scham über meine Vergangenheit wurde dabei mit jedem Tag ein wenig kleiner, und ich bin mittlerweile voller Zuversicht, dass Jesus das gute Werk, das er in mir begonnen hat, auch zu Ende bringen wird (vgl. Philipper 1,6).

Ich spüre immer wieder, wie Gottes große Liebe jede Spur von Bitterkeit aus meinem Leben entfernt. Indem ich mich selbst im Geist immer wieder vor Gottes Thron bringe und Gott die Taten, von deren Folgen ich befreit werden will, ebenso wie meine Vaterbeziehung, die ein so großes Loch in mir hinterlassen hat, hinlege, werde ich immer freier. Und ich verstehe immer mehr, dass Gott tatsächlich derjenige ist, dessen Liebe ich *wirklich* brauche. Und mit dieser Liebe beschenkt er mich so reich! Er verwandelt tatsächlich unsere größte Wunde in ein Wunder. So ist unser Gott.

3.2.3 … als den, der mich versorgt

> *„Wirf dein Anliegen auf den Herrn;*
> *der wird dich versorgen"*
> *(Psalm 55,23; LU).*

Gott hält unendlich viele Versorgungsmöglichkeiten für uns bereit, er ist voller Liebe und Sehnsucht nach seinen Kindern. Doch zu erleben, dass Gott derjenige ist, der uns alles schenken möchte, setzt voraus, ihm auch die Erlaubnis zu geben, uns zu versorgen. Denn wir können uns auch weigern, seinen Segen zu empfangen, indem wir uns lieber nur auf uns selbst verlassen, aber damit machen wir es uns unnötig schwer.

Über die Jahre lernte ich, dass die Erlaubnis, mich von Gott versorgen zu lassen, nicht nur eine einmalige Herzensentscheidung von mir sein darf, sondern eine, die ich, wenn es hart auf hart kommt, jeden Tag aufs Neue treffen muss. Denn jeden Tag ist seine Gnade neu (vgl. Klagelieder 3,22–23). Und so auch die Versorgung aus seinen segnenden Händen.

Ich hatte mir mein ganzes Leben lang angewöhnt, mich nicht auf mein Umfeld zu verlassen und war zu der Überzeugung gekommen, dass ich selbst diejenige war, die am besten wusste, was sie brauchte. Vielleicht kennst du das auch?

Zu erkennen, wie falsch ich damit lag, mich immer selbst versorgen zu müssen, war auch in diesem Bereich der erste Schritt auf dem Weg Richtung Freiheit. Und auf diesen Schritt folgten unzählige weitere kleine Schritte, die mich näher an Gottes Herz brachten. Ich konnte den Ursprung meiner Unfreiheit in diesem Bereich allerdings erst entlarven, nachdem ich immer wieder auf meine Knie gegangen war und meine Stimme im Gebet erhoben hatte. Ich spürte, dass etwas in mir noch immer nicht vertraute und zweifelte – und merkte, dass ich so nicht weiterkommen würde. Dabei verstand ich, dass es nicht reichen würde, Gott mein Leben zu übergeben, aber dann weiterhin selbst den Kurs bestimmen zu wollen.

Manchmal waren meine Gebete ängstlich, manchmal aus einem traurigen und verletzten Herzen heraus gesprochen, aber oft auch voller Hoffnung und Mut. Doch sie alle hatten eine Sache gemein: Ich wandte mich bewusst an Gott als meinen Versorger. Und das wurde zum Wendepunkt in meiner Not. Wie Hagar in der Wüste erwiderte ich Gottes Blick. Ich erzählte ihm von allen meinen Nöten, von meinem Scheitern und von meiner Angst davor, was passieren würde, wenn ich mich nicht mehr selbst versorgen würde, sondern ihm diese Verantwortung übertrug. Und Gott antwortete mir und zeigte mir die Stelle meines Herzens, aus der all die Verbitterung, der Kontrollzwang und der Perfektionismus entsprangen: Gott wollte mein Versorger sein, doch das ließ ich nicht zu.

Es war hart, sich selbst einzugestehen, dass ich mich immer noch selbst versorgen wollte. Und dass aus der Überlebensstrategie eines kleinen Mädchens, das die emotionale Versorgerin der Familie sein wollte oder auch musste, ein Lebensprinzip geworden war. Aber der erste Schritt war getan, und meine Augen waren geöffnet.

· · · · ·

Mit diesem neugewonnen Wissen konnte ich beginnen, auch in diesem Bereich die nächsten kleinen Schritte zu gehen, die ich bis heute gehe und die ich vielleicht auch noch lange gehen muss. Denn Veränderung kommt selten über Nacht. Ja, Gott ist ein Mauern-Niederreißer und Meere-Teiler, aber gleichzeitig eben auch ein Allwissender und Allmächtiger. Er weiß deshalb besser als wir, welche Zeit es braucht, um heil zu werden. Und er weiß, was es braucht, um aus langen Veränderungsprozessen auch noch Segen entstehen zu lassen.

Und der Segen kam: Seine Versorgung nahm Formen an, die ich nie für möglich gehalten hätte und die nicht nur mich selbst staunen ließen. Auch mein Umfeld, vor allem meine engsten Freunde, erlebte hautnah, wie versorgend und segnend dieser große Gott in meinem kleinen Leben eingriff. Mal war es eine passende Bibelstelle, mal war es ein Satz mitten in einem Gottesdienst oder eine besondere Begegnung mit Menschen, die er mir schenkte und irgendwann wusste ich, dass sie keine Zufälle mehr sein konnten. Aber es waren auch große, wunderbare Veränderungen in meinen äußeren Umständen, mit denen er mich versorgte.

Am Ende jeden Jahres habe ich es mir zur Angewohnheit gemacht, das vergangene Jahr noch einmal kurz zu reflektieren und mich gedanklich auf das neue vorzubereiten. Am Ende des Jahres 2019 tat ich das auch wieder. Und ich stellte fest: In den vorangegangenen Monaten hatte sich mein Leben um 360° gedreht und was ich erlebt hatte, war die pure Versorgung von Gott! Ich hatte so viele Gründe, um dankbar auf die vergangenen Monate zurückzuschauen. Nachdem ich meine Arbeit als Erzieherin ohne irgendwelche Sicherheiten und Zukunftspläne aufgegeben hatte, wurde es mir ermöglicht, fast kostenlos die Bibelschule am Tauernhof zu besuchen und danach an einem Missionstrip nach Serbien teilzunehmen. Danach fand ich für die Sommermonate einen Praktikumsplatz in einer Designagentur, was mich meinem neuen Traum, kreativ für Gott tätig zu sein, ein ganzes Stück näherbrachte. Kurze Zeit später erhielt ich die Zusage für dieses Buchprojekt und schon im darauffolgenden

Monat wurde ich für mein Studium, Media Publishing, an der Hochschule der Medien in Stuttgart zugelassen.

Ja, am Ende des Jahres 2019 hatte Gott mir auf die verschiedensten Arten und Weisen bestätigt, dass er auch mein Versorger sein wollte. Und im Silvestergottesdienst versicherte er mir sogar noch, dass das auch so bleiben würde.

Als der Prediger am Ende betete, spürte ich, wie der Heilige Geist zu ihm und durch ihn sprach. Danach schaute er verschiedene Personen im Publikum an und teilte ihnen seine Eindrücke über die Versprechungen mit, die Gott diesen Menschen geben wollte. Entmutigt, weil ich solche Situationen aus anderen Gottesdiensten schon kannte und nie eine der Personen gewesen war, für die Gott dem Betenden etwas aufs Herz gelegt hatte, rechnete ich auch dieses Mal nicht damit. Doch plötzlich schaute der Prediger in meine Ecke, zeigte in meine Richtung und sagte dann einfach nur: „Gott möchte dich versorgen." Ich erstarrte zu Eis, schämte mich dafür, wie wenig ich Gott zugetraut hatte, und war gleichzeitig tief berührt von seiner Nähe und dieser persönlichen Zusage.

● ● ● ● ●

Nun, im Sommer 2020, sitze ich hier am Schreibtisch, tippe die letzten Zeilen dieses Buches, freue mich so sehr auf die Veröffentlichung und alles, was dieser folgen wird, und habe im Frühjahr diesen Jahres meine Selbstständigkeit angemeldet. Ich hatte meine Arbeit, die sich nicht mehr richtig für mich anfühlte, im Vertrauen auf Gottes Versorgung gekündigt und er belohnte mein Vertrauen weit über all meine Vorstellungen hinaus! Mein Leben gleicht dem Drehbuch meines eigenen Abenteuerfilms und in all den Umbrüchen und Aufbrüchen wurde ich von allen Seiten versorgt. Ich komme gar nicht mehr hinterher, Gott für all das zu danken, was er mir schenkt!

Auch bei diesem Thema zeigte Gott mir also, dass er aus unseren Wunden Wunder entstehen lassen kann. Ich konnte jahrelang nicht die Kontrolle über meine Versorgung und mein Leben abgeben, weil ich zu oft erfahren hatte, dass ich sonst auf der Strecke blieb. Doch auch diese Wunde durfte nicht nur heilen. Und Gott segnete mich so offensichtlich, dass ich nicht mehr an seiner Versorgung zweifeln konnte. Das zeigte mir wieder einmal, wie verschwenderisch großzügig er ist und wie sehr er uns liebt. Denn eigentlich würde es ja schon „reichen", wenn Gott nur unsere Verletzungen heilen würde. Doch ihm reicht es eben nicht aus, eine Sache wiedergutzumachen und uns Heilung zu schenken, nein, er will uns zusätzlich Versorgung im Überfluss schenken. Segen im Überfluss. Gnade im Überfluss.

In Joel 2,25 steht, dass Gott uns die Jahre zurückerstatten möchte, die uns genommen wurden. Und ich erlebte genau das. Es reichte Gott nicht aus, mich nur in meiner Wüste überleben zu lassen, sondern es war und ist sein innigster Wunsch, dass die Wüste um mich herum – und ich selbst – wieder aufblühen! *Genau dort, wo kein Leben mehr möglich scheint, mischt Gott die Karten neu, lässt ein Wunder wachsen, und gießt seinen großen Segen darauf. Blühende Gnade ist Gottes Handschrift.*

· · · · ·

Seitdem ich Gott immer und immer wieder die Erlaubnis gab, mich zu versorgen, gewann ich zunehmend an Vertrauen in ihn und seine Kraft. Und an dieser Stelle möchte ich dir Mut zusprechen, dass auch du dich an ihn wenden darfst und vielleicht sogar *musst* – auch wenn du dir noch nicht vorstellen kannst, wie die Schritte danach aussehen werden.

Alles, was Gott sich von uns wünscht, ist, dass wir seinen Blick erwidern und dass wir uns mit unseren Anliegen an ihn wenden. Und dann wird er uns Schritt für Schritt zeigen, was es bedeutet, sich vom Schöpfer des gesamten Universums versorgen zu lassen.

Wie zuvor kurz angedeutet, hatte ich, ohne genau zu wissen, mit welchem Ziel und mit welcher Strategie, im Herbst 2019 die Marke *Blühende Gnade* gegründet. Ich wollte einfach all das, was ich die vielen Monate über mit Gott erlebt hatte, nicht mehr länger für mich behalten. Was am Anfang ein *Instagram*-Account mit gerade einmal fünf Followern war, ist inzwischen zu einem Projekt mit Hunderten Followerinnen, Newsletter-Leserinnen und ein paar echten neuen Freundinnen geworden. Ich wurde sogar von Künstlerinnen und Frauen, denen ich schon seit Jahren folge, für eine Zusammenarbeit angefragt. Immer wieder erhielt ich Post von mehr oder weniger fremden Frauen, die mir ein Buch schickten, das mir direkt ins Herz sprach, oder andere kleine Geschenke und Aufmerksamkeiten.

Mithilfe meines Projekts *Blühende Gnade,* bei dem ich die Nutzung ätherischer Öle vorstelle und erkläre, was sie mit meinem Glauben zu tun hat, lässt Gott mittlerweile auch das Leben anderer wieder neu aufblühen – und das obwohl dessen Ursprung Hoffnungslosigkeit, Dürre und Verletzungen gewesen sind.

Gott kennt meine Vorliebe für Kunst, Kreativität und Schönheit, und er ließ Gnade in meiner Wüste blühen, als ich nicht mehr länger vor seinem liebenden Blick davonlief, sondern ihm jeden Bereich meines Herzens unterstellte, und Jesus die Erlaubnis gab, Segen in mein Leben hineinzusprechen und mich auf allen Ebenen zu versorgen.

Natürlich endet seine Versorgung nicht bei jedem von uns in materiellem Überfluss; die Antwort auf unsere Gebete und unser Ringen mit Gott ist nicht bei jedem gleich. Doch nachdem Gott, mein Versorger, mein Innerstes zum Blühen gebracht hatte, weil ich ihm mein Vertrauen geschenkt hatte und es mein Herzenswunsch gewesen war, allein auf ihn meine Hoffnung zu setzen, erlebte ich, wie sich alles in meinem Leben vervielfachte, was ich unter seinem Blick anfasste. In meinem Herzen, aber auch ganz sichtbar in meiner kleinen Welt, mitten im Alltag. Ich liebe es zu sehen, wie Gott auch einen Blick für das ganz Kleine und scheinbar Übersehenswerte hat. Gott ist wirklich detailverliebt. Deshalb geht auch seine Versorgung bis ins Detail!

Mittlerweile vertraue ich Gott und seiner Versorgung deshalb in den großen und in den kleinen Dingen, und erwarte *alles* von ihm.

3.2.4 … als den, der treu ist

„Der Herr ist treu"
(2. Thessalonicher 3,3).

Drittes Bild: Ich bin der, der bleibt. Ich bin der, der ich bin, ich verändere mich nicht.

Die dritte Zusage, die Gott mir machte, war die, dass er derjenige ist, der sich nicht verändert. Er würde für immer der Gleiche bleiben. Der Gleiche wie der, als den ich ihn damals kennenlernt hatte, und der Gleiche wie der, der vor Tausenden Jahren die Israeliten durch die Wüste geführt hatte.

Wenn mein bisheriges Leben von einem gekennzeichnet gewesen war, dann von Veränderung. Wechsel. Unsicherheit. Sei es der Wohnort, den ich schon so viele Male gewechselt habe, die vielen Beziehungen, die meine Mutter einging, oder die Wesensveränderung meines Vaters, wenn er wieder zur Flasche griff. Früh brannte sich in meinem Kopf ein, dass ich nicht darauf vertrauen konnte, dass etwas beständig war. Und weil Gott mich so gut kennt, sprach er auch in diese Wunde seine Wahrheit hinein.

Denn auch in diesem Bereich hatte ich unbewusst mein Vaterbild genommen und alle negativen Erlebnisse und Erwartungen auf Gott übertragen. Das zeigte sich in meinem täglichen Leben viele Male. Es fiel mir schwer, Gott wirklich zu glauben, dass er seine Meinung über mich niemals ändern würde. Es fiel mir auch sehr schwer, daran zu glauben, dass Gott mich nicht in Fallen laufen lassen würde. Vielleicht würde er seine Pläne für mich ja doch noch einmal ändern? Wie konnte ich mir sicher sein, dass er treu ist und es wirklich *immer* gut mit mir meint? Ich hatte so viel Unbeständigkeit erlebt, dass mir der Gedanke an eine Konstante in meinem Leben unmöglich erschien.

· · · · ·

Vielleicht hast du bisher die gleichen Lügen in deinem Kopf gehabt. Viel zu schnell übernehmen wir die Denkmuster, die wir uns in Bezug auf andere Menschen angelegt haben, auch in Hinblick auf Gott und pressen ihn in irgendwelche gedanklichen Schubladen, obwohl das total absurd ist. Vielleicht hast du die gleichen Lügen über Gott geglaubt, vielleicht aber auch ganz andere.

Ich will dich an dieser Stelle ermutigen, dir Zeit zu nehmen und für dich selbst zu überlegen: Wie denkst du, ist Gott wirklich? Welche unbewussten Erwartungen hast du an ihn? Wovor fürchtest du dich und wo fällt es dir besonders schwer, ihm zu glauben? Frage Gott immer wieder, ob deine Gedanken über ihn stimmen und bitte ihn, dir die Wahrheit über sich zu offenbaren.

Vielleicht wirst du nicht direkt eine Antwort von ihm erhalten, aber ich bin mir sicher, wenn du ab jetzt mit offenem Herzen und offenen Augen durch die Welt gehst, wird Gott dir persönlich begegnen. Er wird es tun. Natürlich gibt es Tage, an denen mir das leichter gelingt als an anderen, aber darauf kommt es ja zum Glück nicht an. Es kommt nicht darauf an, weil es auf Jesus ankommt, nicht auf mich selbst.

Manchmal war es mir während meines Heilungsprozesses so vorgekommen, als würde ich keine Fortschritte machen. Als würde ich einfach nicht erkennen können, wer Gott wirklich ist. Als würde überhaupt keine Heilung stattfinden und als würde Gott stattdessen auf einen Pausenknopf in meinem Leben drücken. Doch als ich mich an die Zerrissenheit und Wut erinnerte, die ich früher in vielen Situationen gespürt hatte, bemerkte ich eines Tages, wie ich mich inzwischen von einem ganz anderen Blickwinkel betrachten konnte. Das war mir bis dato gar nicht aufgefallen. „Wie sehr dein Blick mich doch verändert hat", flüsterte ich leise ins dämmrige Zimmer. Ich hatte in der Vergangenheit so oft ungebremst meine Emotionen herausgelassen und mein frühkindliches Trauma auf meine Freunde und meine Familie übertragen und dabei gar nicht bemerkt, wie Gott wahrscheinlich händeringend neben mir stand und mit aller Kraft versuchte, mich davon abzuhalten, meine Probleme wieder einmal selbst lösen zu wollen. Doch inzwischen erkenne ich, wie sehr mich sein Blick die letzten Jahre schon verändert hat. Sein auf mir ruhender Blick hat es geschafft, dass ein Teil der Scherben meines Lebens nicht mehr ganz so spitz ist und ich mich viel seltener an ihnen schneide. Sein Blick hat es geschafft, dass ich mich selbst und alles, was mir passiert, mit mehr Liebe, ist mehr Vergebungsbereitschaft, mehr Gnade und Sanftmut anschauen kann.

Es ist kaum zu glauben, was Jesus in einem Menschenleben tun kann, wenn wir ihm unser Herz hinhalten. Er hat schon so vieles in mir getan, ohne dass ich es sofort gemerkt habe, dass ich mich frage, was er wohl gerade jetzt in mir vollbringt, ohne dass ich es merke. In alldem durfte ich erkennen: Auch wenn ich die Veränderung nicht gleich sehe oder spüre – Gott ist treu. Er ist treu in seinem Versprechen, mein und dein Herz heilen zu wollen – jeden Tag ein bisschen mehr.

Alles, was Gott in unserem Leben zulässt, lässt er aus Liebe geschehen. Das entspricht seinem Wesen und seinem Charakter, er kann gar nicht anders als uns zu lieben. Darin ist er zu 100 Prozent treu! Und wenn sich unser Leben nicht so entwickelt, wie wir uns das gewünscht haben, ändert das nichts an seiner Treue. Seitdem ich immer mehr begreife, dass Gott die Liebe ist und dass die Motivation seines Handelns ebenfalls immer Liebe ist, fällt es mir leichter, auch schwere Zeiten zu ertragen. Gott weiß genau, was ich brauche, und wenn er gewisse Lebensumstände zulässt oder sie eben nicht verhindert, tut er das nicht, weil er gerade weggeschaut hat und ihm etwas entgangen ist, oder weil ihm mein Wohl plötzlich egal ist – er ist und bleibt, der Gott, der mich sieht und der mich liebt. Jesus Christus ist derselbe gestern, heute und in Ewigkeit (vgl. Hebräer 13,8). Und er ist treu. Daran wird sich niemals etwas ändern.

Gott hatte mir also zugesagt, dass er mich nie verlassen würde, dass er mir die Liebe geben würde, die ich brauche, dass er mich versorgen würde – und dass er in all diesen Dingen absolut treu ist. Auf ein besseres Fundament konnte ich mein Leben nicht stellen.

Kapitel 4: Dein Blick verändert

4.1 ... den Blick auf mich selbst

„Freuen wird sich die Wüste, und das dürre Land
wird jubeln. Die Steppe wird fröhlich singen und
aufblühen wie ein Meer von Narzissen"
(Jesaja 35,1).

Ganz oft versuchen wir, Gott in eine Schublade zu stecken und malen uns unsere eigene schöne Rettungsgeschichte von einem Prinzen auf einem weißen Pferd aus und sind dann von Gott enttäuscht, wenn alles anders kommt – anstatt ihm, ohne das konkrete Ende unserer Geschichte zu kennen, einfach zu vertrauen. Wir erwarten von ihm, dass jede Geschichte ein Happy End haben *muss* und glauben, dass wir ein Recht darauf haben, dass er uns aus aller Not befreit.

Doch ich glaube nicht, dass das richtig ist. Denn es gibt Geschichten, die, sosehr wir es uns auch wünschen, einfach nicht gut werden. Es gibt Ereignisse, Beziehungen und Kapitel in unserem Leben, die Gott nicht einfach beendet, wenn wir beginnen an ihn zu glauben. Und manche beendet er selbst dann nicht, wenn wir schon eine ganze Weile an ihn glauben. Es gibt diese Geschichten, deren gutes Ende wir so sehr herbeisehnen, bei denen aber einfach kein Ende in Sicht ist. Es gibt Geschichten, die einen großen Schaden in uns angerichtet haben und uns die Freude an jeglichen anderen Geschichten verdorben haben.

Und dann gibt es noch diese Geschichten, in denen das Happy End so ganz anders aussieht, als wir es uns vorgestellt haben. Wir alle kennen diese unterschiedlichen Geschichten. Ich trage meine unter meinem Herzen. Was sich Gott dabei denkt, wenn er uns zusieht, wie wir uns abmühen, weiß ich nicht. Aber ich glaube, dass unser Happy End oft anders aussieht, als Hollywood es uns glauben lassen will. Denn ich glaube, dass uns Gottes Blick und seine Liebe heilen können, ohne dass er eine bestimmte Situation aus unserem Leben auflöst oder verändert.

Natürlich glaube ich an „offensichtliche" Wunder, ich bete für solche Wunder und habe sie auch schon in meinem Leben und dem meiner Freunde erlebt. Und für alle Bereiche, in denen ich noch auf ein Wunder warte, weiß ich: Gott könnte mit einem Fingerschnips alles gut werden lassen. Aber manchmal tut er es eben nicht. Bedeutet das, dass er es nicht kann? Nein! Gott kann alles. Bedeutet das, dass er es nicht will? Nein, Gott will für uns immer nur das Beste. Deshalb dürfen wir wissen: Solange er etwas nicht tut, hat er einen guten Grund dafür.

Ich halte mich immer mehr an dieser Erkenntnis fest: Vielleicht nimmt Gott uns unseren Schmerz nicht sofort weg, weil wir ihn dadurch besser kennenlernen und viel mehr seine Nähe suchen. Weil das viel wertvoller ist als alles andere. Weil die tiefe Begegnung mit ihm viel entscheidender ist als jedes äußerliche Happy End. Vielleicht sind sein liebevoller Blick und die Erwiderung dieses Blicks viel heilsamer und bedeutsamer als jeder Augenblick rein menschlichen Glücks.

Für mein Leben heißt das konkret: Vielleicht wird mein Vater nie aufhören, rückfällig zu werden und vielleicht werde ich mein Leben lang dazu neigen, in alte Denkmuster und Verhaltensweisen zu verfallen und mich hin und wieder leer, verletzt und entmutigt fühlen. Ja, vielleicht findet meine vollständige Heilung tatsächlich erst im Himmel statt, aber gerade durch den Blick des Ewigen auf meinem Leben habe ich gelernt, schon „unterwegs" aufzublühen und mitten in der Wüste neues Leben in mir sprießen zu lassen.

· · · · ·

Nachdem ich mich viele Monate mit dem Thema Wüste beschäftigt hatte, hatte ich mir auch Wissen über verschiedene Pflanzen in ihr angeeignet. Die Geschichte von Hagar hatte mich sehr berührt und so wurde die Wüste zu einem großen Thema in meinem Leben. Besonders hatten es mir die Wüstenblumen angetan. Ich las, dass diese Blumen schweren Bedingungen ausgesetzt, aber dafür geschaffen seien, um mit der heißesten Dürre zurechtzukommen. Spezielle Anpassungen ermöglichen den Pflanzen selbst in der Wüste ein Wachstum und Überleben. Ihre langen Wurzeln können immer ihren Weg zur Grundwasserquelle, zur lebensnotwendigen Versorgung, finden. So können beispielsweise die Wurzeln der Schirmakazie bis zu 40 Meter lang werden. Eine geniale Anpassung an die widrigen Umstände!

In der Zeit, in der ich das alles las, fragte ich mich, ob ich möglicherweise auch lernen müsste, mich anzupassen. Und ich ging weiter und fragte mich, was dieses „Anpassen" in meinem Leben konkret bedeuten würde? Ich fragte mich, wohin und wie tief meine eigenen Wurzeln reichten. War ich wirklich gegründet in Gott? Reichten meine Wurzeln bis zu seiner „Quelle des lebendigen Wassers"? Und wie konnte ich es schaffen, selbst wie eine wunderschöne Blume inmitten der Dürre zu blühen?

Ich las immer weiter. Wüstenblumen halten den trockenen und rauen Winden stand, sind der heißen Sonne ausgesetzt – und können damit umgehen – und überleben in langen, dunklen Nächten auch große Kälte.

Manche der Wüstenpflanzen weisen Eigenschaften auf, die mich beim Recherchieren sprachlos machten: Da gibt es die Pflanzen, die ihre Wurzeln so tief in den Boden wachsen lassen, bis sie das Grundwasser erreichen können, andere wiederrum speichern das Wasser in ihren Blättern oder ihrem Stamm ab. Und manche können die extremen Temperaturen und die Trockenheit überleben, indem sie gänzlich unter dem Boden wachsen.

Nun gut, die Option einfach meinen Kopf einzuziehen, um der Trockenheit aus dem Weg zu gehen, würde ich dann doch nicht als meine neue Überlebensstrategie wählen. Aber ich war fasziniert von diesen Blumen, über die ich immer mehr herausfand und die mich immer mehr inspirierten.

Trotz der extremen Bedingungen gibt es Pflanzen in der Wüste, die es geschafft haben, sich in der Wüste „zu Hause zu fühlen". Und je länger ich darüber nachdachte, desto mehr wurde mir bewusst, dass vielleicht auch mein Zuhause für immer die Wüste sein wird. Vielleicht darf ich aufhören, mir einen Weg aus der Wüste *heraus* zu suchen, weil Gott mir hier *in* der Wüste begegnen und mir alles zum Leben schenken will, was ich brauche.

Eines Nachts kam mir ein Gedanke: „Stell dir vor, du selbst wärst eine Wüstenblume, Sheila." Ja, ich kann selbst wie eine Wüstenblume werden! Stark, widerstandsfähig und gleichzeitig wunderschön. Außergewöhnlich zwar, aber außergewöhnlich gut für Gott. Er zeigt ihr, wie sie das tun kann, für das sie die ganze Zeit schon bestimmt war: Ein Leben in seinem Licht zu führen, mit einer einzigartigen Berufung und Bestimmung. Ein Leben, in dem Gnade blüht.

Dann können andere ihre Stärke und ihre Schönheit sehen und werden von ihrem anziehenden Duft zu Gott geführt. Die Wüstenblume blüht und verstreut ihre Samen, sodass der Boden um sie herum ein wenig fruchtbarer wird. Ihre Widerstandsfähigkeit und ihr unermüdliches Aufblühen ist ein Zeugnis für die Welt, und ihr vertrauensvoller Blick zum Himmel gibt den anderen Hoffnung für ihre eigenen Kämpfe. Sie hat gelernt, dass ihr keine Trockenheit etwas anhaben kann, da ihre Sehnsucht und ihr Bedürfnis nach Sicherheit und Geborgenheit, ja ihr Wunsch zu überleben, sie schließlich zu Gott geführt hat. Er schenkte ihr das Leben, und er brachte ihr bei, dieses außergewöhnliche Leben gut zu leben.

Und plötzlich wurde mir bewusst, dass ich mit diesem Auftrag Gottes, gerade in einer Wüstenzeit zu überleben, nicht allein war. Gott schrieb schon immer erstaunliche Geschichten mit Menschen in der Bibel:

Es gab Menschen, die führte Gott durch die Wüste. Die bekannteste Geschichte ist wahrscheinlich die des Volkes Israel, das Gott 40 Jahre lang durch die Wüste wandern ließ. Andere begegneten Gott auf ganz besondere Weise in der Wüste, wie Mose, zu dem Gott aus einem brennenden Dornbusch sprach, oder eben Hagar. Doch für alle war die Wüste immer auch eine Herausforderung: Jesus selbst war 40 Tage lang in der Wüste und wurde dort vom Teufel versucht – doch er überwand ihn mit den Wahrheiten Gottes.

Es gibt so viele Geschichten von Menschen, die in der Wüste große Wunder mit Gott erlebten, und so oft wurde ihnen die Wüste tatsächlich zu einem „Trainingslager Gottes". Und genauso individuell wie die Wüstengeschichten der Bibel sind, sind auch unsere Geschichten mit Gott. Unsere eigenen Wüstengeschichten.

Doch egal, wie unsere Geschichte aussieht, wir dürfen darauf vertrauen, dass Gott uns beibringen wird, in unserer persönlichen Wüste zu überleben. Denn in seinem Wort sagt er uns zu, dass keine Hitze und kein Wüstensturm dieser Welt uns vernichten kann: „Wenn du durch Wasser gehst, will ich bei dir sein, und wenn du durch Ströme gehst, sollen sie dich nicht ersäufen. Wenn du ins Feuer gehst, wirst du nicht brennen, und die Flamme wird dich nicht versengen" (Jesaja 43,2; LU).

Seine konkrete Rettungsaktion wird bei jedem von uns jedoch ganz unterschiedlich aussehen. Denn Jesus kennt unsere Herzen so gut und weiß am besten, was wir brauchen.

Während er manchen von uns einen direkten Weg aus der Wüste heraus zeigen wird, wird er anderen vielleicht erst einmal den Weg zu den kleinen Oasen zeigen, an denen er uns versorgen will – mitten in unserer Wüste.

. . . . .

In den Zeiten, in denen wir uns in einer Wüste wiederfinden und uns fühlen, als wäre in uns selbst schon alles ausgetrocknet, kann es die Sehnsucht nach Gott sein, die uns hilft, wieder zum Leben zurückzufinden. Unsere Sehnsucht nach ihm kann ein ganz persönlicher Wegweiser in seine Arme werden, damit wir seinen Frieden und schlussendlich Heilung finden. Und dann kann sein Blick, der uns immer wieder nachgeht und findet, unseren eigenen Blick auf unser Leben in der Wüste verändern.

Jede Geschichte ist einzigartig und manchen von uns kommt es möglicherweise so vor, als würde der Herr mit allem anderen ein Happy End schreiben, nur nicht mit ihnen. Das ist schwer auszuhalten, aber Gott sei Dank gibt es dann auch wieder diese anderen Momente: Momente der Hoffnung. Momente, in denen der Himmel der Erde ein wenig näher kommt; in denen wir Gottes leises Seufzen wahrnehmen und seine Gegenwart um uns herum spüren; Momente, in denen seine Gnade schon hinter der nächsten Ecke auf uns wartet.

Sind das nicht Momente, die uns von Gott höchstpersönlich geschenkt werden? Um uns mit neuer Kraft zu versorgen, um unsere müden Herzen wiederzuerwecken, unsere trockenen Münder mit lebendigem Wasser zu füllen und unsere blinden Augen neu für seine Wahrheit und Schönheit zu öffnen? In all diesen kleinen Hoffnungsmomenten schaut Jesus uns liebevoll an und will uns darauf hinweisen: „Ich bin noch nicht fertig mit dir. Ich habe gerade erst angefangen, an dir zu arbeiten und das gute Werk, das ich in dir begonnen habe, werde ich immer weiter fortführen bis es vollendet ist."

Gott schreibt eine Liebesgeschichte mit jedem von uns. Es ist unsere persönliche Liebesgeschichte mit Gott. Wir können uns deshalb, unabhängig von dem konkreten Ort, an dem wir uns gerade befinden, versorgt, von Liebe umgeben und gesehen fühlen. Er ist der Gott, der überallhin mit uns geht. Er ist der Gott, der uns den Weg durch die Wüste bahnt. Der uns mit unserem täglichen „Manna" versorgen wird, so wie er damals die Isareliten Tag für Tag mit Manna vom Himmel versorgte und sie nicht verhungern ließ. Und er ist der Gott, dem wir glauben dürfen, wenn er uns verspricht, dass seine Gnade genug ist (vgl. 2. Korinther 12,9).

Er ist unser größter Liebhaber, der uns jeden Morgen und jeden Abend immer wieder neu die schönsten Bilder an den Himmel malt und nachts einen Sternenteppich vor uns ausrollt. Er kann uns eine größere Freude bereiten als jeder andere, weil er unser Herz gemacht hat und uns in- und auswendig kennt. Ja, wenn wir uns auf das Abenteuer mit Gott einlassen, kann er unser Herz mehr erfüllen als jede romantische Beziehung auf Erden, und die Begegnung mit ihm kann es schneller schlagen lassen als alles andere.

Ich wünsche mir das so sehr für mein Leben. Und für deines. Ich wünsche mir so sehr, dass ER immer das Ziel meiner

Reise bleibt. Ich möchte immer wieder die richtige Abbiegung zu ihm finden – und er will das ja auch für mich; das ist das Wunderschöne daran! Seine Pläne für unser Leben sind voller Wunder, Weite, Schönheit und Erfüllung. Wenn wir die Bibel aufschlagen, entdecken wir, dass sie uns genau das verspricht: Nein, kein Leben ohne Schwierigkeiten und Leid. Kein Leben ohne Schmerzen und Tränen. Aber in all den Geschichten, die Gott mit den Menschen aus der Bibel schrieb, überwiegt eines deutlich: Wenn Gott in Menschenleben hineintritt und Menschen sich zu ihrem Schöpfer bekennen und ihm vertrauen, dann entstehen Wunder. Dann werden Menschen heil. Dann überleben Menschen in den widrigsten Umständen und finden zurück zu ihrer Berufung und Bestimmung – ganz gleich, wie katastrophal ihre Ausgangslage gewesen ist.

4.2 ... und mein ganzes Leben – und lässt mich singen

> *„Er hat mir ein neues Lied in meinen Mund*
> *gegeben, zu loben unsern Gott. Das werden*
> *viele sehen und sich fürchten und auf den*
> *Herrn hoffen"*
> *(Psalm 40,4).*

Frühling 2020

„Ich zeige dir, wer ich bin und ich heile dein Herz mit meinem Blick." Es waren diese Zusagen von Jesus, durch die ich gelernt habe, mich selbst, die Welt und die Menschen um mich herum mit einem veränderten Blick zu sehen. Mit *seinen* Augen zu sehen. Gott half mir dabei, Stück für Stück die junge Frau in mir zu entdecken, die er schon seit Anbeginn der Zeit in mir gesehen hat. Ich bin nicht mehr die Frau, die von der Welt gebrochen und verwundet wurde, sondern die starke, heile Frau, die er in mir sieht. Die Wüstenblume, die gelernt hat, dass auch in der trockensten Wüste ein neues Aufblühen möglich ist.

Und immer mehr lerne ich, dass mir dieser eine Blick genügen muss. Denn ich habe erkannt, dass Gott uns nicht auf jede Frage eine Antwort und nicht für jedes Problem eine Lösung schenkt. Mittlerweile ahne ich warum: *Manchmal schenkt er uns keine Antwort, weil er selbst die Antwort ist, und manchmal zeigt er uns keinen Lösungsweg ist, weil er selbst der Weg ist.* Er. Dieser Gott, der mich wohl immer mehr lieben wird, als mein Verstand es begreifen könnte, und der immer so viel gnädiger sein wird, als ich es verdiene.

All die Erkenntnisse, die ich während meines Heilungsprozesses von Gott erhalten habe, schenken mir nun Leben und die Kraft der Hoffnung. Alles, was ich in der Wüste brauche. Und weiterhin brauchen werde. Denn ich habe keine Garantie dafür, dass mein weiterer Weg ohne tiefe Abgründe und anstrengende Gipfelbesteigungen verlaufen wird. Aber was Gott mir schenkte und immer garantiert, ist seine Gnade. Eine Melodie der Gnade. Eine neue Melodie, die zur Begleitmusik meines Lebens geworden ist. Eine Melodie, dank der nicht mehr die Stimme des Schmerzes und der zerstörerischen Lügen am lautesten in mir ist, sondern die Stimme der Gnade. Die Stimme meines Erlösers. Eine Melodie, zu der ich auch in der trockensten Wüste tanzen kann. So schenkte Gott mir auf meiner Reise ein vorerst letztes Bild:

Ich sehe eine junge Frau, deren Haare im Wind wehen und die in einem weißen Kleid barfuß über den heißen Wüstensand läuft. Obwohl um sie herum ein Sturm tobt und ihr der Wind ins Gesicht bläst, schaut sie voller Zuversicht und Hoffnung in die Ferne. Der Wind peitscht durch ihr langes Kleid aus kostbarem Stoff. Die Landschaft um sie herum ist gekennzeichnet von Trockenheit und Unfruchtbarkeit, von Schmutz und stummer Anklage. Ein Ort, der aussieht, als würde kein Regen dieser Welt diese tiefen Risse in der Erde wieder schließen können. Die Frau steht bewegungslos und stumm in dieser trostlosen Landschaft, als sie plötzlich ihren Kopf anhebt, und in diesem Moment wird ihr harter Gesichtsausdruck auf einmal ganz weich. Sie wendet ihren Blick dem Himmel zu und flüstert leise in die heiße und trockene Wüstenluft: „Du bist El Roi – der Gott, der mich sieht."

Von außen betrachtet lässt sich nicht erkennen, dass sie mit ihrem Blick in den Himmel lediglich einen anderen Blick erwidert, der schon ganz lange auf ihr ruht. Sie muss nicht mehr beschämt zur Seite schauen, sie muss sich nicht länger selbst anklagen, denn sie weiß: Gott hat sie von ihrer Schuld reingewaschen wie weiße Wolle und ihre Sünde liegt nun so weit von ihr entfernt, wie der Osten vom Westen (vgl. Psalm 103,12). Voller Liebe und Annahme kann sie seinen Blick nun erwidern. Sie trägt ein neues, weißes

Kleid der Hoffnung. Und in dem Moment, in dem sie den Blick ihres Schöpfers so bewusst erwidert, erklingt eine leise Melodie. Zuerst kann nur sie sie hören und sie beginnt, diese wunderschöne und beruhigende Melodie leise mitzusummen.

Sie schließt ihre Augen, weil sie sich ganz auf dieses neue Lied ihres Lebens konzentrieren möchte, und bemerkt deshalb nicht, wie ein leichter Regen beginnt, vom Himmel zu fallen. Winzige Tropfen des neuen Lebens und der Gnade berühren sanft ihre Haut und auch den steinharten, staubigen Boden, auf dem sie steht. Die Melodie verwandelt sich in ein vollständiges Lied, das sie nun immer lauter mitsingt, während der kühle Regen immer stärker wird. Auch wenn sie das Lied noch nie zuvor gehört hat, kennt sie es und weiß, dass es ihres ist. Extra für sie komponiert. Ja, ihr wurde ein Lied der Gnade und der Zuversicht geschenkt – von ihrem Gott, der sie inmitten der Wüste ansieht, und der sie selbst in der Wüste aufblühen lassen kann.

Während sie beginnt, im Takt dieses Liedes zu tanzen und ihr weißes Kleid dabei im Wind und Regen weht, verwandeln sich die tiefen Risse der zuvor noch staubigen Erde in kleine Bachläufe, in denen der Regen sich sammelt und zu sanften Strömen wird. Die junge Frau schaut sich um und sieht, wie sich der harte Wüstenboden plötzlich an vielen Stellen öffnet und winzige Knospen aus der Erde sprießen. Voller Freude und Leichtigkeit tanzt und läuft sie über den Wüstensand, der sich immer mehr in eine Blumenwiese verwandelt. „Vorbei ist die Leidenszeit der Einwohner Zions", hört sie eine Stimme in ihrem Herzen. Und flüsternd spricht sie den ihr so bekannten Vers aus dem Wort ihres Herrn mit: „Vorbei ist die Leidenszeit der Einwohner Zions! Sie streuen sich nicht mehr voller Verzweiflung Asche auf den Kopf, sondern schmücken sich mit einem Turban. Statt der Trauergewänder gebe ich ihnen duftendes Öl, das sie erfreut. Ihre Mutlosigkeit will ich in Jubel verwandeln, der sie wie ein Festkleid schmückt. Wer sie dann sieht, vergleicht sie mit Bäumen, die Gott selbst gepflanzt hat. Man wird sie ‚Garten des Herrn‘ nennen, an dem er seine Größe und Macht zeigt" (Jesaja 61,3).

Und während sie die Zusage ihres Gottes in die weite Wüste hinausjubelt, gehen immer mehr Knospen auf und entfalten sich zu prächtigen Blüten. Zwischen den wachsenden Blumen tanzt die junge Frau fröhlich weiter zu ihrem Lied der Erneuerung, der Hoffnung und Wiederherstellung. Hier, inmitten der Wüste, wird sie überleben können, das weiß sie jetzt. Und immer, wenn die Dunkelheit und ihre Vergangenheit sie wieder einholen wollen, wird sie ihr neues Lied singen. Ihr Lied der Gnade, ihr Lied der Heilung. Das Lied, das Gott ihr aufs Herz gelegt hat. Und vielleicht können die Menschen um sie herum dann auch dieses Lied hören und den Einen kennenlernen, der sie heilte.

• • • • •

Mein Bibelschulleiter meinte damals, nachdem ich ihm davon erzählt hatte, wie weit ich mich in der Wüste verlaufen hatte, dass sich das alles gelohnt hätte, wenn ich nur ein Menschenleben mit meinem Schmerz zu Jeus hinführen könnte. Und heute glaube ich, dass er Recht damit hatte.

Wenn Gott es tatsächlich schafft, aus meinem Leid und meiner Vergangenheit etwas Neues aufblühen zu lassen, dann will ich mit offenen Händen dastehen und die empfangene Gnade an andere weitergeben. Dann soll es mein Herzenswunsch sein, dieses neue Lied so laut zu singen, dass andere es hören können.

Ich habe zu Beginn dieses Buches geschrieben, dass ich in einer Welt aufgewachsen bin, in der Gott für mich keine Rolle spielte. Es sind mittlerweile vier Jahre vergangen, seit Gott mich als 21-jähriges Mädchen fand und in seine Arme zog. Und noch mehr Jahre sind vergangen, seit ich mit gerade einmal 16 Jahren nicht mehr aufhören konnte, mich selbst zu verletzten und zu meiner eigenen Sicherheit in eine Klinik eingewiesen wurde. Viele Jahre sind vergangen seit der Zeit, in der mich die Bitterkeit in meinem Herzen aufgrund von all dem Leid in meiner Familie nicht an einen guten Gott hat glauben lassen. So vieles hat sich seitdem verändert.

Ja, der Gott, der mir einst so fremd war und nach dem ich nie wirklich gesucht hatte, öffnete mir in einem heißen Sommer 2016 meine Augen, und nach Jahren voller Leid und Unbeständigkeiten begann ein neues Leben für mich. Ein Leben, an das ich nicht mehr geglaubt hatte. Ein Leben, von dem ich nicht einmal wusste, dass es so etwas überhaupt gab. Ich darf heute einen Frieden in mir spüren, den einem diese Welt nicht geben kann, und eine Hoffnung, die nirgendwo sonst zu finden ist als in Jesus allein.

Ich würde am Ende dieses Buches gern erzählen, dass meine wunderbare Mama inzwischen keine Medikamente mehr gegen ihre Depressionen nehmen muss, und dass ich nicht mehr die Angst in mir trage, dass mein Papa wieder rückfällig werden könnte. Und ich wünschte, ich könnte erzählen, dass diese neue Melodie meines Lebens auch für meine Familie hörbar geworden ist, und alle Menschen, die mir am Herzen liegen, mittlerweile auch an ihren persönlichen Retter glauben, aber noch tun sie das nicht. Doch ich habe eine Erkenntnis geschenkt bekommen, die wertvoller ist als alles andere, und die mir kein Schmerz dieser Welt mehr nehmen kann: Auch wenn sie ihn nicht sehen können, er sieht sie. Auch wenn sie seine Liebe nicht erwidern, liebt er sie schon seit Anbeginn der Zeit und wird auch niemals damit aufhören.

Ich weiß nun, dass ich selbst niemanden retten kann – weder meinen Vater noch meine Mutter noch meine Schwester. Und ich weiß, dass auch in der Wüste, die für manche von uns eventuell ein Leben lang ihr Wohnort sein wird, ein Überleben möglich ist. Viel mehr als das: Gott will unsere Wüste blühen lassen. Gott will *uns* aufblühen lassen. Denn wenn Gottes Blick ein Menschenleben trifft und dieser Blick erwidert wird, wird möglich, was zuvor kein Mensch glauben konnte. Gottes Liebe für uns ist größer, als es unser Verstand je fassen kann und er würde uns an jedem Ort, an dem wir uns vor ihm verstecken, finden und nach Hause lieben wollen.

Wenn du auch so ein Herzenslied, eine Melodie der Gnade in dir trägst, dann will ich dich ermutigen, es nicht länger für dich zu behalten. Gott lädt dich ein, dich aus dem Staub zu erheben, den Dreck abzuklopfen, dein Gesicht dem

Himmel zuzuwenden und den Menschen um dich herum das Lied der Hoffnung vorzusingen, das sie hören müssen.

· · · · ·

Im Laufe dieses Buches habe ich dir von unterschiedlichen Frauen erzählt, die mir Hoffnung schenkten, weil ihnen die Hoffnung in Person, nämlich Jesus, begegnet war. Es waren einige Frauen aus der Bibel, aber auch Frauen, die ich persönlich kennenlernen durfte, die mir immer wieder bewiesen haben: Es gibt diesen Gott der Hoffnung wirklich.

Mit jedem Jahr, das ich länger an Jesus glaube und ihm nachfolge, merke ich, wie sich mein Herz seinem immer mehr nähert. Das passiert jedoch oft auf ganz unscheinbare Art und Weise und an vielen Tagen bewege ich mich nur recht zögerlich und ängstlich auf ihn zu. Doch mir fällt auf, wie ich diesen Jesus immer mehr liebe. Ich liebe ihn mehr und mehr, je besser ich ihn kennenlerne. Mit jedem Lied, das ich über ihn singe oder das ich höre, offenbart sich mir ein weiteres kleines Stück seiner Herrlichkeit. Jeder Mensch, der mir über den Weg läuft, zeigt mir ein wenig mehr von Gottes schöpferischer Kreativität, seiner Liebe und seinem Mitgefühl für jeden von uns. Jedes Bibelwort, das ich lese, lässt mich ein wenig mehr seinen wahren Charakter erahnen. Und all die tiefen Momente, die ich mit Jesus erlebe, lassen ihn für mich immer mehr zu *dem Einen* werden. Dem Einen, der mich einst berührte, und nicht mehr losließ. Dem Einen, der einst sah, wie beschmutzt, zerbrochen und hoffnungslos ich durch die Welt lief – und mich gesundlieben wollte.

Ja, Jesus ist für mich *der Eine* geworden, dem ich immer ähnlicher werden und den ich immer besser kennenlernen will. Und ich wünsche mir so sehr, dass du unseren Vater im Himmel durch meine Geschichte noch mehr kennenlernen durftest!

Ich glaube, dass viele dieser Worte, die mir während des Lobpreises kamen, die ich in mein Handy tippte, auf Notizzettel schmierte, dann stundenlang abschrieb und wieder löschte, direkt aus seinem Vaterherz stammen und in dein Herz sprechen wollen. Und ich weiß, dass diese Worte aus seinem Herzen die Kraft haben, ein Leben radikal zu verändern.

Auch die Beziehung zwischen Gott und Hagar veränderte sich radikal, als sie zu sehen und zu verstehen begann, wie gut Gott es mit ihr meinte. Er wurde ihr ganz persönlicher „El Roi", ihr ganz persönlicher Gott, der sie sah. Und es ist meine tiefe Überzeugung, dass das nicht nur Hagar und mir gilt. Er will unser aller „El Roi" sein. Ich glaube, dass es Gottes Herz zutiefst bewegt, wenn wir beginnen, nach seinem Wesen und Willen zu suchen und die liebevollen Blicke, die er uns schenkt, zu erwidern. Unsere Beziehung zu Gott kann dann schöner und erfüllender werden als die größte Liebesgeschichte eines Blockbusters.

Wie schön und beruhigend ist es zu wissen, dass der Gott, der die Liebe ist, unsere tiefsten Sehnsüchte und Herzenswünsche kennt und dass er genau weiß, was in jedem von uns vorgeht. Und zu diesem Jesus habe ich Ja gesagt. Er ist wirklich alles für mich geworden. Und wenn du mich fragst, ist *das* die schönste Liebesgeschichte und das beste Happy

End, das man schreiben kann! Denn diese Liebe lässt mich die Bedeutung von wahrer Liebe erst so richtig begreifen. Durch diese Liebe kann ich die Kraft der Vergebung erst richtig verstehen. Diese Liebe ist es, die mich dazu ermutigt, immer mehr sein zu wollen wie er. Und durch diese Liebe durfte ich wieder aufblühen. Mitten in der Wüste.

Nachwort: Sein Blick heilt mein Herz – und deines auch!

In meinem Leben ist etwas passiert, mit dem wahrscheinlich keiner so richtig gerechnet hat: Aus den Scherben meiner Vergangenheit hat Gott ein wunderschönes Kunstwerk gestaltet. Er hat meine Leidensgeschichte genommen und sie in eine Geschichte voller Gnade verwandelt. In eine Geschichte voller Heilung, voller Segen und voller Überfluss. Ich habe dir auf den vorherigen Seiten einen Einblick in mein Herz gegeben und dich mit in die Geschichte hineingenommen, die Gott mit mir schrieb – und immer noch schreibt.

Was einst aussah wie eine dunkle Sackgasse und wo Hoffnungslosigkeit, Angst und Verletzungen auf der Tagesordnung standen, scheint nun das helle Licht von Jesus. Wenn es eines ist, was ich mir für dich und für jeden Leser und jede Leserin dieses Buches wünsche, dann ist es, dass du mir glaubst, wenn ich dir sage: Keine Wüste dieser Welt und kein Schmerz dieser Welt kann Gott daran hindern, etwas Wunderschönes, ja unglaublich Kostbares in deinem Leben zu erschaffen!

Als Tochter eines Alkoholikers aufgewachsen und damit jahrelang dem Wahnsinn als Co-Abhängige ausgesetzt gewesen zu sein, waren nicht die besten Grundvorausetzungen für mein Leben. Doch hier stehe ich, mit einem gebrochenen und dennoch heilen Herzen, und ich lüge nicht, wenn ich dir sage, dass ich Gott für mein ganzes Leben preise. Und ich preise ihn für alles, was er an mir getan hat. Denn seine Gnade war mächtiger als jede Waffe des Feindes, sein Licht hell genug, um jede Dunkelheit zu durchbrechen, und seine heilende Liebe so viel größer als jedes Leid, das mir zugestoßen ist.

Durch all die geweinten Tränen kann ich heute klarer sehen und die Tränen anderer besser verstehen. Durch all die Erfahrungen von Leid ist mir das Leid anderer Menschen nicht egal. Durch all die unterschiedlichen Wohnorte habe ich gelernt, dass Gott allein Heimat bedeutet. Durch all die tiefe Traurigkeit, die ich erlebt habe, weiß ich, wie sich im Gegensatz dazu tiefe Freude anfühlen kann. Und durch all die Narben weiß ich, wie es sich anfühlt zu heilen.

Hat er vielleicht die Risse in mir zugelassen, damit sein Licht durch diese Risse eindringen konnte? Ja, das glaube ich. Und hat Gott all den Zerbruch zugelassen, damit er aus meinen Trümmern etwas Wunderschönes schaffen konnte? Ja, ich weiß, dass es so war. Ja, ich habe mich nächtelang in den Schlaf geweint, weil ich das Leid in meiner eigenen Familie nicht mehr mit ansehen konnte. Und nein, ich will nichts von all dem, was mir widerfahren ist, schönreden. Eine Sucht zerstört nicht nur den Menschen, der an ihr erkrankt ist, sondern hat auch das Potenzial, das Leben aller Angehörigen gehörig aus den Fugen zu bringen. Und ja, es war ein Fehler, meinen Körper schon als Teenagerin fremden Männern zu schenken, denn ich habe mir damit seelische Wunden zugefügt, die nur sehr langsam heilen. Aber heute kann ich aus tiefstem Herzen sagen, dass Gott all diese Scherben und Verletzungen in ein so wunderschönes neues Bild verwandeln konnte, wie es keine Menschenhand je hätte tun können. Ich habe gelernt, über das, was mir widerfahren ist, zu weinen, und Gott trotzdem zu lieben und von Herzen dankbar für den gesamten Weg zu sein, den er mit mir gegangen ist.

Ganz zu Beginn meines Buches habe ich davon erzählt, wie ich mit David von der Bibelschule über mein Leben sprach, und wie er mir zusagte, dass mein größter Schmerz gleichzeitig auch mein größtes Zeugnis sei. Und ich glaube, durch diese Blickweise ändert sich alles: Wir müssen unsere Vergangenheit nicht länger als das ansehen, was uns Lebenskraft genommen und unser Leben einst zerstört hat, sondern als eine Möglichkeit, andere Menschen zu Jesus zu führen. Denn wenn sie sehen, wie wir gerade in all unserem Schmerz an ihn glauben, sind wir ein umso stärkeres Zeugnis für Gott auf dieser Welt. Damit verwandelt sich unsere größte Wunde und unsere dreckige und chaotische Vergangenheit in eine Möglichkeit, den Himmel ein Stück auf die Erde zu bringen.

Als ich während des Schreibprozesses mit meiner Lektorin in ihrem Verlagsbüro saß und wir schon seit Stunden über mein Manuskript und meine Vergangenheit geredet hatten, unterbrach sie mich plötzlich mit den Worten: „Sheila, ich muss dir das jetzt einfach mal sagen: Wenn ich dich anschaue, strahlst du so viel Reinheit und Liebe aus, dass das, was du mir gerade erzählst, gar nicht zu der Person passt, die hier vor mir sitzt. Ich glaube dir das alles, aber ich sehe das nicht mehr in dir."

Und wisst ihr was? Das, genau das, ist es, was Jesus in unserem Leben tut! Ich selbst hätte mich niemals so verändern können, wie er es tat. Nie hätte ich daran geglaubt, dass mein Leben eine solche Wende nehmen und ich jemals wieder so aufblühen würde. Und ich glaube, dass ich der lebendige Beweis dafür bin, dass Gott ein Menschenleben wirklich verändern kann. Jahrelang hatte ich mich selbst voller Schuld und Scham gesehen, doch was Gott in mir vollbrachte und was er mir schenkte war strahlende Reinheit. Ich selbst sah mich als eine hoffnungslose Versagerin und dachte, Schweigen sei der richtige Umgang mit meiner Vergangenheit. Doch Jesus erwiderte: „Ich mache aus deiner größten Wunde dein größtes Wunder!" Erinnerst du dich?

Was uns im Laufe unseres Lebens zustößt wird zwar immer ein Teil unserer Geschichte bleiben, doch durch das rettende Erlösungswerk am Kreuz von Jesus und die unendlich große Liebe seines himmlischen Vaters verwandelt sich all das in Hoffnung. So kann aus Leid Freude werden; aus Dreck wird Schönheit und aus einer Geschichte von Einsamkeit und Hoffnungslosigkeit wird unter seinem liebenden Blick eine Geschichte der Wiederherstellung.

Sein Blick heilte mein Herz. Und sein Blick möchte auch dein Herz heilen. Lass nicht zu, dass das, was dir widerfahren ist, der Kompass für deine Zukunft wird. Und bitte fang an zu glauben, dass dein ganz persönliches Zeugnis von Gott gebraucht werden kann, um andere Leben zu verändern.

Deine Geschichte trägt die Chance in sich, eine andere zu verwandeln, indem sie anderen Menschen neue Hoffnung schenkt! Ja, deine Geschichte kann Gottes Liebe auch in die dunkelsten Ecken dieser Welt tragen!

Möge Gott, so wie er mein Herz geheilt hat, auch deines heilen. Möge sein liebevoller Blick jeden noch so dunklen Winkel in dir erhellen. Und möge sein Blick auf dir dein Herz so sanft und liebevoll berühren, dass du gar nicht mehr anders kannst, als für ihn zu leben – und neu aufzublühen.

Gefunden

Gefunden
hast du mich.
Und dein Blick
ist so anders als das, was ich kenne.
Und deswegen renne
ich in deine Arme.

Dein Blick ruht auf mir,
nicht fordernd und mahnend,
sondern strahlend
vor Liebe und Gnade.
Du schreibst auf meinen krummen Zeilen
gerade.

Dein Blick auf mir
erneuert mein Denken, verändert mein Sein,
macht mich zur Gesehenen und Gefundenen.
Auf ewig dein.

Dank

Ich möchte mich an dieser Stelle bei einigen Menschen bedanken. Während in den letzten Monaten der Prozess dieses Buchprojekts immer weiter voranschritt, verdunkelte sich parallel dazu die Welt meiner Familie rapide und ein „Schicksalsschlag" nach dem anderen suchte uns heim. Ich habe es euch, Elisa, Jana, Christina und Martin, zu verdanken, dass ich in so manchen Ozeanen voller Sorgen und Ängsten nicht ertrunken bin.

Auch Kirsten, Sonni, Rosa und meinen Mädels vom Hauskreis gebührt mein Dank. Ihr alle sprecht Wahrheit und Hoffnung in mein Leben, ihr ermutigt mich und ihr tragt mich.

Ich möchte an dieser Stelle auch meiner Gemeinde und meinem Jugendkreis danken. Auch ihr habt von Anfang an mehr in mir gesehen, als ich es sehen konnte, und eure selbstlose Liebe und Freundschaft haben letztendlich dazu geführt, dass ich nach all den Jahren ohne Gott überhaupt eine Gemeinde betreten habe. Ihr gebt mir Raum, einfach zu sein, und in euch habe ich eine Heimat gefunden.

Danke, Désirée. Du teilst mein Herz, wie es nur wenige Menschen tun, und ich schätze dich und deine Arbeit so sehr. Danke, dass du immer mehr in mir siehst, als ich in mir sehe. Ohne deinen Glauben an mich und meine Geschichte, deine unermüdliche Arbeit und dein Sehen und Verstehen meines Herzens wäre dieses Buch niemals das geworden, was es jetzt ist.

Auch dir, Nelli, danke! Du warst die erste Person, die mein Manuskript gelesen hat, und hast dieses ganze Projekt mit angestoßen. Danke für deine Hilfe, Beratung und dein Mutmachen.

Auch der Arbeit der *Fackelträger,* durch die Orte wie das Purtatorii de Faclie in Rumänien und der Tauernhof in Schladming bestehen, gebührt mein großer Dank. Ihr habt meinen Glauben mit mir zusammen auf ein festes Fundament gebaut und einen Teil meines Herzens habe ich bei euch gelassen.

Andrea, wärst du nicht gewesen und wärst du mir nicht nachgegangen, würde ich heute höchstwahrscheinlich nicht hier sitzen und dieses Buch schreiben. Du lässt dich von Gott gebrauchen wie es nur wenige tun, und was du für mich getan hast und immer noch tust, lässt sich nicht mit einem einfachen Danke würdigen. Trotzdem: DANKE!

Inka, wir tragen eine so ähnliche Geschichte unter dem Herzen. Dein Leben, unsere Freundschaft und das Vorwort für mein Buch begeistern mich. Ein einfaches „Danke" reicht auch hier nicht aus.

Und zu guter Letzt möchte ich den Menschen danken, die mich am längsten kennen: Meiner kleinen, zerbrochenen, aber so geliebten Familie. Wir haben nicht viel, wir haben eigentlich nur uns. Und jeder Einzelne von euch trägt seine eigene Leidensgeschichte unter dem Herzen. Was ich mir am allermeisten für euch wünsche, ist, dass das Licht, das mein Leben erhellt hat, auch euch erreicht, und dass auch ihr im Angesicht Gottes heil werdet. Shirin mit Daniel, Mama und Papa, ich werde nicht aufhören, euch zu lieben und daran zu glauben, dass jedes erfahrene Leid irgendwann in Hoffnung und Freude verwandelt wird!

Ich wurde mit der humorvollsten und liebevollsten Schwester der Welt beschenkt. Kein Mensch ist mir ähnlicher als du, Shirin, und auch wenn unser Leben oft einem Actionfilm glich, warst du die eine Konstante darin. Du weißt, wie viel du mir bedeutest, kleine Schwester, und ich werde dich weiterhin anfeuern und dir applaudieren bei allem, was du gerade anpackst und erreichst.

Mama, Papa, ich liebe euch von ganzem Herzen. Ihr habt alles euch Mögliche getan, um mir trotz all der Dunkelheit den richtigen Weg zu zeigen und groß zu träumen. Ihr habt mir beigebracht, nicht aufzugeben und immer einen Schritt weiterzugehen, als die Welt es einem zugetraut hat. Mit erhobenem Kopf seid ihr durch jeden noch so schweren Sturm geschritten und habt wie Löwen gekämpft. Ich weiß nicht, was die Zukunft für uns bereithält, aber ich weiß nun, wer sie in seinen Händen hält: mein Gott. Der Gott, der mich sieht. Dem ich mein neues Leben zu verdanken habe.

Und bis ich in der Ewigkeit bei dir sein werde, Jesus, werde ich nicht aufhören, der Welt zu erzählen, wer du für mich geworden bist und was du für mich getan hast!

Sheila

© 2021 Gerth Medien
in der SCM Verlagsgruppe GmbH,
Dillerberg 1, 35614 Asslar

Wenn nicht anders angegeben, wurden die Bibelstellen der folgenden
Übersetzung entnommen:
Hoffnung für alle®, Copyright © 1983, 1996, 2002, 2015 by Biblica Inc.®. Ver-
wendet mit freundlicher Genehmigung von Fontis –
Brunnen Basel. Alle weiteren Rechte weltweit vorbehalten.

Des Weiteren wurden folgende Übersetzungen verwendet:

Elberfelder Bibel 2006, © 2006 by SCM R.Brockhaus in der
SCM Verlagsgruppe GmbH, Witten/Holzgerlingen
Gute Nachricht Bibel, revidierte Fassung, durchgesehene Ausgabe,
© 2000 Deutsche Bibelgesellschaft, Stuttgart
Lutherbibel, revidiert 2017, © 2016 Deutsche Bibelgesellschaft, Stuttgart
Neue Genfer Übersetzung – Neues Testament und Psalmen,
Copyright © 2011 Genfer Bibelgesellschaft (NGÜ)
Neues Leben. Die Bibel, © der deutschen Ausgabe 2002 und 2006 SCM
R.Brockhaus in der SCM Verlagsgruppe GmbH, Witten/Holzgerlingen

1. Auflage 2021
Bestell-Nr. 817718
ISBN 978-3-95734-718-3

Umschlaggestaltung: Mareike Schaaf
Umschlagfoto: Deborah Pulverich
Satz: Apel Verlagsservice, Celle
Druck und Verarbeitung: GGP Media GmbH, Pößneck
Printed in Germany

www.gerth.de